Die Französische Revolution

in den ›Stats-Anzeigen‹ des

August Ludwig Schlözer

1789 – 1793

herausgegeben von Norbert Flörken

Zur Textgestaltung:
Rechtschreibung und Zeichensetzung sind beibehalten worden, gegebenenfalls sind Namen in der modernen Schreibweise hinzugefügt worden. Die Punkte hinter den einfachen Zahlen, z.B. den Jahreszahlen, sind weggelassen worden. Der Text der Vorlage steht in dieser Serifenschrift, Zusätze und Ergänzungen des Bearbeiters in dieser serifenlosen Schrift oder in [ ]. Die Anmerkungen Schlözers und anderer historischen Autoren sind in » « gesetzt; die Klammern der Vorlage ( ) sind durch { } oder – – ersetzt worden. Streichungen des Herausgebers stehen in ( ). Fremdsprachige Wörter und Zitate sind *kursiv* gesetzt. Beim Seitenwechsel wurde die anfallende Trennung aufgehoben. Die häufigen Sperrungen bei Eigennamen oder Ortsnamen wurden nicht übernommen. Die Angaben zu Personen, Orten oder Sachen sind dem Portal Wikipedia entnommen.

Impressum

Bibliographische Information der Deutschen Nationalbibliothek:
Die Deutsche Nationalbibliothek verzeichnet diese Publikation in der Deutschen Nationalbibliographie, detaillierte bibliographische Daten sind im Internet über http://dnb.dnb.de abrufbar.
© Norbert Flörken
Herstellung und Verlag:
BoD – Books on Demand, Norderstedt
ISBN 9783749477951

Stats-Anzeigen

gesammelt und zum Druck befördert
von
August Ludwig Schlözer D.
Königl. Kurfürstl. Hofrath und Professor in Göttingen;
und verschiedener Akademien und Gesellschaften der
Wissenschaften Mitglied.

Dreizehnter Band, Heft 49—52.
1789.

Göttingen,
in der Vandenhoek-Ruprechtschen Buchhandlung
1789.

INHALT

Einleitung

August Ludwig SCHLÖZER (1735-1809) war ein Theologe und Universalhistoriker des ausgehenden 18. Jahrhunderts. Geboren[1] in einem württembergischen evangelischen Pfarrhaus studierte er zunächst Theologie und wurde 1754 in Wittenberg mit der Dissertation „De vita dei" promoviert. Es schlossen sich Jahre als Hauslehrer in Stockholm an, später als Professor für russische Geschichte in St. Petersburg. 1769 wurde er Professor in Göttingen; dort las er bis 1782 vor allem „Allgemeine Weltgeschichte" und veröffentlichte 1772 seine „Vorstellung einer Universalhistorie", die bis 1801 mehrfach aufgelegt wurde. Von 1782 bis 1793 gab Schlözer die „Stats-Anzeigen" heraus, 1 bis 2 Bände pro Jahr: ein Journal, das äusserst kritische Beiträge zum Zeitgeschehen brachte: „Das erste Beispiel mächtig wirkender Publicistik in Deutschland, hatten sie ihre Leser auf den Thronen und an den Höfen so gut wie in den Bürgerhäusern und Studirstuben." (Frensdorff, 1890).

In der hier vorliegenden Auswahl sind Beiträge versammelt, die sich mit den Anfangsjahren der Revolution in Frankreich befassen. Es sind eine Art Korrespondentenberichte, verfasst von Insidern, die der Revolution kritisch bis schroff ablehnend gegenüberstehen. Ein einzelnes Schriftstück [Seite 94 ff] zeichnet im Jahr 1790 ein positives Bild von der Revolution. Immerhin druckt Schlözer – nach eigenen Angaben als erster in Deutschland – die Deklaration der Menschen- und Bürgerrechte vom August 1789 im Jahre 1791 in der Originalsprache und in voller Länge ab [Seite 46 ff]. Vergleichbare Druckerzeugnisse in dieser Zeit sind das ›Politische

---

[1] nach: (Frensdorff, 1890).

Journal‹[2] (1781-1840) des von Schirach und die ›Göttingische Gelehrten Anzeigen‹[3] (1739-heute), zunächst herausgegeben von A. v. Haller.

[2]   https://de.wikipedia.org/wiki/Politisches_Journal_nebst_Anzeige_von_gelehrten_und_andern_Sachen.

[3]   https://www.vandenhoeck-ruprecht-verlage.com/zeitschriften-und-kapitel/9499/goettingische-gelehrte-anzeigen.

1789 Febr »Briefe aus Versailles«[4]

22 Briefe aus Versailles[5], vom Febr. 1789: zur Erläuterung und Berichtigung der Statskunde von Frankreich

I.   Necker hat sich nicht verrechnet.

{Vergl[eiche] Polit[isches] Journ[al][6] 1787, Decemb[er], S. 1241}

Vor allen Dingen muß ich mich von dem Vorwurf entledigen, daß ich in den StatsAnzeig. XLII, S. 153, selbst eingestanden habe, Hr. Necker[7] in seinem *Compte rendu* [=Bericht] sei nicht von „übergroßen Irrtümern frei zu sprechen; unter welchen die Versicherung, daß der *tresor royal* [=Staatskasse] im J[ahr] 1781 einen freien Ueberschuß von 10 Mill. gehabt habe, oben an stehe."

---

[4] aus: (Schlözer, Stats-Anzeigen XIII, 1789, S. 133 ff).

[5] »Daß diese, und viele andre unter dieser Aufschrift künftig folgende Briefe, von dem sogenannten Austrasier – keinem Translateur in Versailles – sind, wird wol jeder gelerte Leser mit Händen greifen. Daß ihm gewisse Aufsätze in dem polit. Journal die Veranlassung dazu gegeben haben, ist ebenfalls offenbar; nur ging sein Auftrag an mich dahin, diese seine Gegner {Hrn.v. Schirach, und Hrn. G.} so wenig als möglich zu nennen, und zu citiren. Die Ursache findet man unten am Ende dieser ersten Briefsammlung. – Schlözer.«

[6] Die Zeitschrift ›Politisches Journal nebst Anzeige von gelehrten und andern Sachen‹ war eine der ersten Zeitschriften Europas. Sie erschien zwischen 1781 und 1840 in Altona und wurde von einer Gesellschaft von Gelehrten unter der Leitung von Gottlob Benedikt von Schirach (1743–1804; Publizist, Historiker, dänischer Legationsrat) herausgegeben.

[7] Jacques Necker (* 30. September 1732 in Genf; † 9. April 1804 in Genf) war ein Genfer Bankier, Finanzminister unter Ludwig XVI.

Ich schrieb diese Worte im Monat März[8] 1787, grade zu der Zeit nieder, da der Herr von Calonne[9] seine Etats, welche er vorher dem Könige vorgelegt hatte, nun auch der Versammlung der *Notables*, unter dem <134> ansenlichen, alle Arten von Vertrauen erweckenden Namen *Compte effectif [=Ist-Bestand] de l'année* 1787 übergeben hat. Diese *Etats* zeigten bekanntlich bei dem *Revenu ordinaire* von 1781 einen Defect von 27,321,000, gegen die Angabe des Hrn. Neckers: so wie sich bei der *Depense ordinaire* ein Uebermas von 29,208,000, gegen die Berechnung des *Compte rendu* von 1781, ergab.

Meine Warheitsliebe ließ mir nicht zu, den Lesern der StatsAnzeig. diese Behauptung zu verschweigen; so leicht es mir gewesen wäre, über einen Umstand wegzugehen, der im Augenblick, da ich meine EhrenRettung dem Hrn. Schlözer übersandte, noch allgemein dem *Publico* unbekannt war. Ich mußte glauben, da der Hr. von Calonne es dem Könige und der Nation versicherte, daß ein *Compte effectif* vom J. 1781 vorhanden sei – ich mußte glauben, daß dieser im J. 1784 abgelegte *Compte effectif* jene übergroße Irrtümer im *Compte rendu* des Hrn. Necker entdeckt habe. Ich teilte diese Entdeckung den Lesern der StatsAnzeig. mit; bemerkte aber auch zu gleicher Zeit den zureichenden Grund von jenen angeblichen Irrtümern, und zeigte sie in der unglaublichen Unordnung, die im hieländischen FinanzRechnungsWesen herrscht.

So wie aber eine nähere Untersuchung der Calonnischen Etats Gelegenheit gab, die Existenz des *Com[p]te effectif* zu bezweifeln; so wie Hr. Necker in seinem kleinen *Memoire du mois d'Avril 1787*[10], die Aufrichtigkeit seines *Compte rendu*, durch das Zeugnis seiner 2 unmittelbaren Nachfolger, des Hrn. Joly de Fleury, und

---

[8] »Dieses Datum steht nicht in den StatsAnz., aber dafür ein noch früheres, vom Jan. 1787, in Heft 37, S. 94. Der Schluß lief etwas später bei mir ein. S. «

[9] Charles Alexandre, vicomte de Calonne (* 20. Januar 1734 in Douai; † 29. Oktober 1802 in Paris) war ein französischer Staatsmann. Er war Generalkontrolleur der Finanzen (1783–1787).

[10] = ›Mémoire publié par M. Necker au mais d'avril 1787, en réponse au discours prononcé par M. de Calonne devant l'Assemblée des Notables‹ [books.google.com].

des Hrn. d'Ormessan, bestätigte: so suchte ich auch die Leser der StatsAnzeig. gegen meine eigne Geständnisse zu verwaren. Ich tat es in meinem Aufsatze über die in der Versammlung der *Notables* verhandelten Materien, den ich im Monat Mai[11] niederschrieb, und der in den StatsAnzeig. XLI <135> abgedruckt ist. Die hieher gehörende Stelle steht S. 64. Ich halte es mir für keine Schande, erkannte Unrichtigkeiten zu widerrufen; die Warheit geht über die Ehre, selbst in seinen eigenen Augen – Recht zu haben.

Die neuesten *Éclaircissements [=Erläuterungen] sur le Compte rendu au Roi en 1781,* haben den Zwist, so viel als möglich war, entschieden, und die Ehre des Hrn. Neckers durch bescheinigte Rechnungen gerettet.

Das Sonderbarste dabei, in Rücksicht auf meine Aeußerungen über diese Materie, mag wol seyn, daß die Irrtümer des Hrn. von Calonne gerade aus jener Quelle geflossen sind, in welcher ich den Ursprung der Irrtümer gesucht hatte, die man dem Hrn. Necker zur Last legte – in der verspäteten Einnahme verschiedener Auflagen. Leser der StatsAnz., welchen die *Éclaircissements nouveaux* zu Augen gekommen sind, wissen z. B. daß der Abgang von 1x,777,000[12] L[ivres], welchen der Hr. von Calonne dem Hrn. Necker bei dem *Produit des Recettes [=Erträge] générales* vorgeworfen hat, blos daher gekommen ist, daß jene für das J. 1781 fällige Summe erst im J. 1782 in die königl. SchatzCammer gebracht ist. Eben so der angebliche Abgang bei den *Impositions [=Steuern] de la Ville de Paris* etc. etc.

Es wäre eine ware ZeitVerderbnis, wenn ich mich länger bei der Materie aufhalten wollte. Ich konnte, ich mußte glauben, daß dem Hrn. Necker in seinem *Compte rendu,* wo er im Anfang

---

[11] »Dieses Datum steht auch in den StatsAnzeig. Heft 41, S. 34. – aber die Erlaubnis habe ich einmal, die vortrefflichen Aufsätze des Hrn. Austrasiers so und in der Ordnung zu publiciren, wie sie beim deutschen Publico den größten Reiz der Neuheit haben, oder seiner zeitigen auf einen gewissen Gegenstand gespannten Aufmerksamkeit, die beste Narung geben. Freilich hätte ich unachtsame Leser vermuten, und daher bei Heft 42, S. 153, den schon vorhergegangenen Widerruf [in] Heft 41, S. 64, citiren sollen! – S. «
[12] Die zweite Ziffer ist nicht lesbar.

des J. 1781 die zukünftige Einname und Ausgabe jenes Jars berechnete, einige Irrtümer <136> angewandelt sind, so bald der *Compte effectif* vom J. 1781 diese im J. 1784 abgelegte Rechnung über die vergangne Einname und Ausgabe des besagten Jars 1781, von dem *Compte rendu* um viele Millionen abging. Jetzo aber, da die Nicht-Existenz von jenem *Compte effectif* bekannt ist; jetzo, da Hr. Necker die Richtigkeit seiner im *Compte rendu* aufgestellten Berechnungen, durch das Zeugnis und die Unterschrift der sämmtlichen RechnungsBeamten bestärkt hat: jetzo bleibt selbst den Hrn. G. und Schir[ach][13] keine andre Wal, als diese, über – entweder die für die Richtigkeit des *Compte rendu* zeugende RechnungsFürer *collegialiter* für Schurken zu erklären – oder, mit andern ehrlichen Leuten mer, zu vermuten, daß der Hr. v. Calonne bei seinen *Etats*, und bei seinem angeblichen *Compte effectif* von 1781, keine andere Absicht gehabt habe, als dem berüchtigten *Deficit*, den böse Leute durchaus von ihm abstammen lassen, ein paar Ahnen mer durch die Einflechtung des Hrn. Neckers in sein GeschlechtsRegister, zu verschaffen. Vielleicht breitet der nächstkünftige ReichsTag auch hierüber einiges Licht aus.

II.　HandelsBilanz zwischen Frankreich und England: 6 nicht 51 Mill. Livres.

{Polit. Journ. 1788, Febr., S. 113 folgg.}

Da ich in einer besondern Abhandlung – StatsAnz. XLV, S. 50 – alle wesentliche Umstände der neusten MünzRevolution in Frankreich, aus unverwerflichen Zeugnissen angefürt habe: so kann ich mich desto mer entbrechen, den Visionen, welche Hr. G. über diese Materie gehabt hat, hier zu widersprechen, da er sie in einen äußerst unwürdigen Stoff eingekleidet hat. Ich will nur einige von den HauptSätzen des Hrn. Syndicus ausheben, und ihren Ungrund durch gegenseitige Beweise aufdecken.

---

[13] = Herausgeber des ›Politischen Journals‹.

Hr. G. wiederholt einigemale das Vorgehen: die französ. Kaufleute haben in einem, der französ. Regierung <137> im Jahr 1785 eingegebenen *Memoire*, vorgestellt, daß sie allein den Engländern jährlich die Bilanz mit 51 Mill. bezahlen müssen.

Da dieses Vorgeben blos auf der Autorität einiger Zeitungs-Blätter, und oben drein des politischen Journals, beruht {ich habe es schon StatsAnz. XL, Seite 436, widerlegt}: so wäre es äußerst überflüssig, sich im Ernst mit der Widerlegung derselben zu beschäftigen. Die GazettenStatistik ist gerade die letzte, welche Glauben verdient.

Ich kann den Lesern der StatsAnz. aus gedruckten Nachrichten genauere und sicherere Auskunft darüber geben. Ich ziehe die nachfolgende aus den StreitSchriften, welche der französisch-englische CommerziellenTractat veranlasst hat.

Hr. Du Pont, *Inspecteur général de Commerce*, lert uns in seiner Antwort an die HandlungsKammer von Normandie, daß die öffentliche *Importation* der englischen Waren nach Frankreich, im Jahre 1783 betragen habe 10,514,000 L., und die vom Jahre 1784 12,968,000 L. Er setzt aber hinzu, daß wenn man die *Importation*, welche durch *Contrebande* und unter falschen Anzeigen geschehen ist, dazu rechnet, die allgemeine Einfuhr der englischen Waren nach Frankreich auf 30 Mill. geschätzt werden müsse. S. *Reponse à la Chambre de Commerce der Normandie*, p. 172. – Eben dieser Schriftsteller lert auch p. 189, 190, 197, daß im Jahr 1784, die durch öffentliche Register bescheinigte französische *Exportation* nach England, auf 20 Mill. angestiegen sei; wozu man aber noch wenigstens 3 Mill. zählen müsse für die Ausfur, die *par contrebande* geschehen war: sodaß der aktive Handel Frankreichs nach England in diesem Zeitraum auf 23 Millionen zu schätzen sei; wozu aber noch über 1 Mill. Livres gedacht werden müsse, teils für die Essito-Zölle, teils für die Befrachtung der NationalSchiffe, welche jene Waren nach England getragen haben. <138>

Zieht man diese 24 Millionen {von denen volle 20 Mill. durch die Smugglers in England eingefürt worden, StatsAnz. XLV, S. 55}, welche den Betrag des französ. AktivHandels ausmachen, von den 30 Mill. des PassivHandels ab: so bleiben für die Balance, zum Vorteil Englands, etwa 6 Mill. L. übrig, – anstatt der 51 Millionen, welche Hr. G. dem polit. Journ. und anderen Gazetten zu gefallen, dafür angenommen hat.

Ich bitte hier die Leser der StatsAnz., meine Äußerungen über diese Materien, Heft XL, S. 417, die ich im März 1787 niederschrieb, mit den Angaben des Hrn. Du Pont vom 12. Febr. 1788 zu vergleichen. Vielleicht finden sie, daß der Austrasier[14] eben nicht nötig hat, die Leidner Zeitung und das polit. Journ. zu studieren, um einige Kenntnis von der französischen Statistik zu sammeln.

Vielleicht glaubt Hr. G., daß das Zeugnis seiner französischen Kaufleute im polit. Journ., den Behauptungen des Hrn. Du Pont vorgehen müsse; alsdann aber verweise ich ihn auf die *Refutation*, welche die *Chambre de Commerce de Normandie* gegen den Hrn. Du Pont in Druck gegeben hat. Hier liest man p. 68:

> *Suivant un relévé que nous avons sous les yeux des marchandises, importées d'Angleterre en France, pendant l'année 1784, & l'aperçu des années précédentes, il paroit demontré que ces importations n'excedoient pas annullemenet la somme de 23 millions; les exportations de la France pour l'Angleterre peuvent également s'evaluer à la somme de 23 Mill.*

Jetzo können die Leser der StatsAnz. zwischen diesen zwei Angaben wälen: die erste kömmt vom *Inspecteur général de Commerce* her; die andere von einer der vornemsten *Chambre de Commerce*, die mit allen übrigen HandelsKammern über den

---

[14] Austrasien bezeichnete den östlichen Teil des Fränkischen Reichs, etwa von Fulda bis Calais und vom Elsass bis Nimwegen; gemeint ist hier der Elsässer Christian Friedrich Pfeffel von Kriegelstein (* 3. Oktober 1726 in Colmar; † 21. März 1807 in Paris), er war Historiker, Jurist und Diplomat in französichen Diensten.

CommerzTractat von 1786 correspondirt hat: und alsdann urteilen sie, was von dem G-schen Saldo von 51 Mill. zu halten sei. <139>

III. Geschichte der berüchtigten Umprägung der Gold-Münzen in Frankreich

Das Merkwürdigste dabei ist wol dieses, daß jene Umprägung bis zum Ende des J. 1788 fortgesetzt worden: und daß die gänzliche Herabwürdigung der alten Louisd'or, vermöge eines *Arret du Conseil d'Etat* vom 7. Dec., auf den 1. Jan. 1789 anbefolen ist. Die Leser der StatsAnz. Heft XLV, S. 64, erinnern sich, daß vermöge des Edit vom 30. Oct. 1785, diese Herabwürdigung schon am 1. Apr. 1780[15] erfolgen sollte.

Der Herr v. Calonne hat uns den Beweis geliefert, daß die große GoldExportation von Frankreich aus nach England, ihren zureichenden Grund in dem niedrigen Werth gehabt hatte, in welchem dieses edle Metall hierzulande gestanden ist; und in dem beträchtlichen Vorteil, den man bei seiner Importation in England fand. Jetzo entdeckte uns der Hr. Du Pont eine neue Ursache davon, in der den meisten Banquiers unbekannt gewesen Verschiedenheit des WechselStandes zwischen den 2 Nationen, je nachdem man in ☉ oder ☽ berechnete.

Frankreich zalt bekanntlich an England das Gewisse für das Ungewisse. Das Gewisse ist der kleine französische Ecu, dessen Werth im engl. Gelde bald steigt, bald fällt. – Hr. Macé de Richebourg hat ausgerechnet, daß dieser Ecu 251 grains 2953/5312[16] fein halte: und diese Quantität ☽ gilt in England 28 den. St. x/x. Das Pari, vom französ. Wechsel mit England besteht also in den besagten 28 den. x/x. – Die Proportion zwischen ☉ und ☽ war

---

[15] Die letzte Ziffer ist nicht eindeutig lesbar.

[16] Im weiteren folgen mehrere Brüche mit jeweils vier-, fünf- oder sechsstelligem Zähler und Nenner, die in dem Digitalisat mehrheitlich nicht eindeutig lesbar sind; sie werden hier durch x/x ersetzt. Lesbar ist 164537/178201 = 0,923. Das Zustandekommen und die Bedeutung dieser Brüche konnte nicht geklärt werden.

aber vor 1786 so ungeschickt angenommen, daß der 8te Teil eines Louisd'or, der in 17 grains x/x en seinem ⊙ bestand, 30 den. St. x/x galt. – Es folgte hieraus, daß ich mit 1 Ecu, dessen Werth den 8ten Teil eines Louisd'or ausmachte, nur 28 den St. x/x bezahlen konnte: dahingegen der 8te Teil eines Spec. Louisd'ors mir für 30 den. St. x/x angerechnet wurde. Ich gewann also 7/12, wenn ich meine Rechnungen in England <140> in ⊙ saldirte. Und da man im gemeinen Handel und Wandel, den Pari des französ. Ecu auf 30 den. St. gesetzt hatte: so verlor der französ. Handelsmann, der einen gezogenen Wechsel in ☽ bezalte, ohne es zu wissen, 4 ½ proC. am innern Werth des Ecu.

Jetzo, da die Proportion zwischen ⊙ und ☽ abgeändert ist; jetzo, da der 8te Teil eines Louisd'or nur noch 16 x/x grains an seinem ⊙ beträgt, und nur noch 28 x/x den. Sterl. gilt: jetzo überwiegt das Pari in ☽ jenes in ⊙ um 1 2/3 proC., und die Gemächlichkeit einer wirklichen Zalung in ⊙ ist durch den Verlust der 1 2/3 proC. compensirt.

IV. Ausfluss der Louisd'or aus Frankreich.

{Politisches Journal, März 1788, S. 288}

Hr. G. will beweisen, daß die Summe der neu geprägte Louisd'or, gesetzt auch, daß sie sich auf 820 Mill. Livres belaufen habe, zwischen dem 1. Nov. 1785, bis letzten Febr. 1787, durch die Versendung derselben in das Ausland, um 130 Millionen vermindert sei, so daß im März 1787 nur noch sechs 640 Mill. davon übrig geblieben.

Diese Angabe verbollwerkt Hr. G. mit der Versicherung, daß man sie ohne offenbare Ungereimtheit nicht anders gedenken könne. Ich will einige seiner Berechnungen ausheben, und sehen, ob sie auf das anders gedenken gelegten Flug, nicht eine gegenteilige Richtung gegeben werden kan.

Also 180 Mill. an Louisd'or, sind zwischen dem 1. Nov. 1785 im letzten Febr. 1787 in das Ausland geschickt. Hier ist ihre MarschRoute.

A. 80 Millionen an die Handlung ausgeführt.

Damit ging es so zu:

> *Sobald die Ausländer erfahren hatten, daß die alte[n] Louisd'or durch die Declaration vom 30. Oct. einen höheren Wert erhalten, eilten sie sich, alle ihre Schulden an Frankreich in Louisd'or abzutragen. Hiedurch geschah es, daß die französ. Kaufleute <141> nach malen ihre Schulden im Auslande mit neuen Louisd'or bezalen mußten; und diese kleine Speculation schob wiederum für 80 Mill. neue Louisd'or aus dem Lande, i[d] q[uod] e[rat] d[emonstrandum].*

Diese ganze Behauptung beruht, wie jedermann sieht, auf blosen Mutmassungen; und Mutmassungen sind keine gangbare Münze in der Statistik. Hr. Du Pont mutmasste auch, daß England 40 Mill. werth Louisd'or im J. 1786 nach Frankreich zurück geschickt habe; und die *Chambre de Commerce* von der Normandie bewies, daß dieser *envoy absurde & enorme* niemalen statt gehabt, und das nur für 8,771,256 L. feines ⊙ herüber gekommen ist: *Refutation* etc., p. 38 sqq.

Folgende Anmerkungen werden den Unmut der G-schen Conjecturen noch mer aufdecken.

1. Es ist falsch, daß die alte Louisd'or durch die *Declaration* vom 30. Oct. 1785 einen höhern Werth erhalten haben. Der wichtige Louisd'or galt, vermöge derselben, nur in den MünzHöfen als Materie 25 L., im

Handel und Wandel kursierte er, bis auf den völlig in
Verruf am 7. Dec. 1788, nur für 24 L.

2. Die Zulage von 20 Sols per Louisd'or, war nur jenen
individuellen Stücken zugestanden, welche noch das
gesetzliche Gewicht hatten; und man bemerkte wärend
der Umprägung mit großer Verwunderung, daß kaum
der 4te Teil zwischen 15 und 20 Sols zuwog. Mer als
ein volles 4tel brachte den Eigentümern, anstatt des gehofften Gewinnstes, wirklichen Verlust, weil sie nicht
einmal 24 L. werth waren. – Ein Banquier von B.
schickte 6,000 Stück alte Louisd'or in die Münze zu
Strasburg, und hoffte wenigstens 4,800 L. darauf zu
gewinnen: und der Nachschuss betrug bare 315 L.

Der Ausländer also, welcher einen Vorteil dabei gesucht
hatte, daß er seine französische Gläubiger in Louisd'or bezahlte,
wäre genötiget gewesen, vor allen Dingen lauter vollwichtige
Louisd'or einzusenden: wenn nur 1 Grain am Stück gefelt hätte, so
wäre es gerade ebenso nützlich für ihn <142> gewesen, diesen
Louisd'or in den SchmelzTigel zu werfen, und das ☉ *brut* nach
Frankreich zu verkaufen. Ich habe aber schon erinnert, daß selbst
in Frankreich der weit geringste Teil von den in die MünzHöfe getragenen Louisd'or, ihr gesetzmäßiges Gewicht gehabt haben[17].
Und man weiß, daß in einigen Auslanden, wo die Louisd'or häufig
herumlaufen, gewisse Arten von Schweißbädern unendlich gemei-
ner als in Frankreich gebraucht werden.

Setze man hierzu zu Schwierigkeit, vollwichtige Louisd'or
anzutreffen, und zu den Kosten, welche das Agio, der Transport,
die Commissionen etc. verursachten, noch die kleine Sporteln der
MünzWechsler, und vergesse den *risico* nicht bei der Versendung
einer solchen ungeheuren Menge von ☉spesen: – so wird sichs finden, daß der ausländische Kaufmann immer besser dabei gefaren

---

[17] »Der Hr. von Calonne, in den *Pieces justificat.* zu seiner *Requête au Roi*, p. 43,
meint, daß man im Durchschnitt für einen jeden alten Louisd'or, so in die Münze
gebracht ist, einen Aufwechsel von 12 Sols, anstatt der Gesetzmässigen 20 Sols,
schätzen könne. Seine Gegner setzen diesen Aufwechsel noch um ein par Sols herunter. – Von dem Austrasier. «

ist, wenn er die ActivSchulden der Franzosen mit ihren PassivSchulden compensirte, und ein *Saldo* in WechselBriefen bezalte, als wenn er alte Louisd'or nach Frankreich schickte.

Hier ist der Beweis davon. Nimmt man an, daß die im Auslande cursirende Louisd'or gerade so beschaffen gewesen sind, wie die französischen, und daß im Durchschnitte jedes Stück in den französischen MünzStätten 24 L. 10 S. gelten konnte: so gab dieser auf Wechsel NB in der MünzStatt, einen Gewinnst von 2 proC. Nun mögen SachenVerständige urteilen, ob sie sich getrauen, um diesen Preis viel bares Geld an die Münzen nach Paris, Lyon, oder nach Marseille etc. zu übermachen.

Die Speculation, alte Louisd'or nach Frankreich in die MünzStätten zu schicken, konnte nur von unseren unmittelbaren <143> Gränznachbarn mit einigem Vorteil unternommen werden. Es kamen auch wirklich einige Sümmchen aus den österreichischen Niederlanden in Lille, aus den vorliegenden Reichskreisen in Metz und Strasburg, aus der Schweiz in Strasburg und Lyon, an. Allein die Eigentümer waren so klug, den Wert davon in LaubThalern[18] anzunemen, weil doch die deutsche KreisSchlüsse die neuen Louisd'or directe oder indirecte, wenigstens im Anfang, außer Cours gesetzt haben, und in der Schweiz gleichfalls nur Verlust bei ihrer Einführung zu erwarten war.

Ich dächte jetzo, daß wol die meisten Leser der StatsAnz. mich von dem Fluch lossprechen werden, welchen Hr. G. auf die anders denkende legte; und daß wahre Kenner der Sachen leicht ein 60 Milliönchen von den 80 abziehen dörften, die er an neuen Louisd'or, unter der Rubrike Handlung, in das Ausland getragen hat.

B.

Mit den übrigen 100 Mill. hat es eine andre Beschaffenheit. Bei ihrer Berechnung hat Hr. G. die Zeugnisse andrer Schriftseller

---

[18] Zu den wichtigsten aus dem Ausland einströmenden Münzen gehörte der seit 1726 geprägte *Écu aux lauriers*, der hierzulande wegen der darauf abgebildeten Lorbeerzweige als Laub-, Lorbeer- oder Federtaler bezeichnet wurde.

kläglich mishandelt, und wol gar zum Behuf seiner Visionen ver-
stümmelt.

Er rechnet,

I. dass die reisenden Franzosen innerhalb 16 Monaten an blosen Reise- und ZerungsKosten, wenigstens 8 mill. ausgegeben;

II. dass die Pächter ausländischer Eigentümer, von ihren in den GränzProvinzen gelegenen Gütern,
auch 8 mill. ins Ausland geschickt haben;

III. daß die königl. Gesandten, Residenten etc. vom
Departement der auswärtigen Geschäffte, 14 mill.
ins Ausland getragen; und

IV. daß für die Zinse auswärtiger StatsGläubiger, wenigstens 80 mill. gezalt sind;

macht zusammen, vermittelst eines huldreichen Rabats von
<144> 10 Mill., die in WechselBriefen bezalt sind – 100 Mill. in 16
Monaten, oder für das Jar 75 Mill.

Die Leser vermuten wohl nicht, dass diese ganze Rechnung
aus dem Hrn. Necker gezogen ist; und dass Hr. G. keinen anderen
Anteil daran hat, als diesen, dass er a) anstatt der 26 Mill., welche
der französ. FinanzMinister für jene Artikel auswarf – 86 Mill. hin-
geschrieben, und b) das große *Correctif*, so Hr. Necker seiner Berechnung anhing, wolbedächtig ausgelassen hat? …

Hier folgt die handgreifliche Demonstration von diesem
Verfahren. Hr. Necker berechnete {*Adm[inistration] d[es]
Fin[ances]*, Tom. II, p. 142} den järlichen Saldo des französ. Han-
dels auf 70 Mill. L. Er untersuchte nachgehends, wo diese 70 Mill.
hinkommen. Er fand, dass das NationalCapital järlich mit 45 Mill.
an neugeprägtem X und Y Münzen vermert werde, wovon ungefähr
40 Mill. im Lande blieben. – Er nimmt an, dass von den übrigen
30 Mill. etwa zwei nach Indien geschickt werden, schreibt 8 bis 10
Mill. dem *Departement des aff[aires] etrang[ers]* zu, und teilt die
noch übrigen NB. 18 Mill. den auswärtigen StatsGläubigern, NB.
für Interessen, und NB. für *Remboursements annuels*, den auswärtigen Rhedern für Fracht bei dem *Cabotage [=Transport]*, den auswärtigen AssecuranzCammern, NB. den auswärtigen Besitzern

hierländischer Güter, und NB. den ins Ausland reisenden Franzosen, zu.

Es ist also schon klar, dass Hr. G. blos die Neckersche Zalen eigenmächtig verändert hat; und dass sein Ausspruch, dass sich diese Ausgaben ohne offenbare Ungereimtheit nicht geringer gedenken lassen, als er sich schätzte, weiter nichts als ein Compliment ist, welches Hr. G. dem Hrn. Necker machte.

Aber wo ließ Hr. G. die wichtige Anmerkung, welche Hr. Necker seine obigen Berechnung p. 144 anhing, dass man zu jenen 18 Mill. *Créance de commerce*, oder HandlungsGewinst, mit welchen er die oben besagte <145> Ausgaben, oder *dettes annuelles* der Nation, verglichen hatte, noch hinzu denken müsse

tout ce que les Etrangers doivent à la France
pour le fond des depenses qu'y font en temps
de paix & leurs Ambassadeurs & leurs Voya-
geurs & leurs hommes de mer.

Hr. G. übergeht sie, wie man sieht, mit Stillschweigen. Diese Reticenz gab ihm freilich ein unfelbares Mittel an die Hand, die Ausgaben der französ. Nation und 20 und mer Mill. zu steigern, aber nur in den Augen der Leser vom polit. Journ., die seine Orakel ohne Nachdenken und Nachlesen für bekannt annemen.

Hr. G. schickt 8 Mill. an neueren Louisdor aus dem Lande für den Unterhalt der französ. Gesandten etc., und lässt die auswärtigen Gesandten in Frankreich von der Luft leben. Ein andrer Schriftsteller würde wenigstens die wechselweisen Ausgaben der Gesandtschaften miteinander compensirt haben.

Er läßt die französische Reisende im Ausland 8 Mill. an neuen Louisdor ausstreuen. – Aber mit was bezalten auswärtige Reisende ihre Reise- und Zerungskosten in Frankreich; zum Beispiel die 24.000 Engländer, die sich seit dem Frieden beständig in Frankreich aufgehalten haben? Bei diesem Artikel nimmt Frankreich keine Compensation an. Es berechnet seinen Gewinnst mit vielen

vielen Mill., die sich ohne offenbare Ungereimtheit nicht anders gedenken lassen.

> *Le concours des Etrangers en France est une*
> *de sources essentielles des richesses du*
> *royaume,*

sagt Hr. Necker, Adm. d. Fin., Tom. II, p. 455.

Er schlägt die PachtGelder u. übrige Renten, welche verschiedene ausländische Fürsten, Herren, und andere Eigentümer, von ihren in Frankreich gelegenen Gütern jährlich ziehen, auf 6 Mill. an, weil Hr. Necker schriebe, dass diese *terres considerables* wären. – Hr. G. würde in engen Schuhen gehen, wenn er einen vernünftigen Beweis von dieser Schätzung angeben sollte. Ich möchte nicht <146> aus meinem Vermögen zuschießen, was für diesen Artikel an 2 Mill. L. felt; und ich habe endlich in meinem Leben mer als einmal Gelegenheit gehabt, sowol den allgemeinen Ertrag jener Güter, als die Summe kennen zu lernen, welche davon ihren ausländischen Eigentümern an reinen Einkünften zufließen. Hr. G. spricht von Mill., wie ein andrer Schriftsteller von 100,000 reden würde; aber freilich nur, wann er die Ausgaben Frankreichs berechnet.

Jedoch dies alles ist nichts gegen die Art, womit dieser Schriftsteller die järlichen Renten berechnet, welche Frankreich, seinem Vorgeben nach, an auswärtige StatsGläubiger bezahlen muss. Er glaubt, Frankreich eine große Gnade widerfaren zu lassen, wenn er den Ausländern nur den fünften Teil von den Zinsen zukommen lässt, welche die StatsCammer, järlich zalen muss; und da sich, seiner Meinung nach, diese Zinsen auf 300 Mill. belaufen, so ist die Rechnung fertig, dass Frankreich järlich 60 Mill. L. an die auswärtigen Rentirer zu erlegen hat: macht in 16 Monaten 80 Mill., die Frankreich zwischen dem 1. Nov. 1785 und dem 1. März 1787, an neuen Louisdor in das Ausland geschickt hat. Man kan von der Ungereimtheit dieses Vorgebens nicht besser urteilen, als wenn man die Beweistümer analysiert, auf welchen es beruht.

1. Es ist bei der Versammlung der *Notables* offenbar worden, dass die StatsSchulden über 6,000 Mill., und ihre järliche Verzinsung über 300 Mill. sich erstreckt.

Dieses angebliche Faktum ist eine derbe Lüge, womit Bulletinsche und Zeitungs-Schreiber die leichtgläubige Welt hintergangen haben. Es ist in der Versammlung der *Notables* ganz und gar nicht von der Summe der StatsSchulden die Rede gewesen; und die Etats von den järlichen Verzinsungen, welche Hr. v. Calonne aufgewiesen hat, zeigen allerhöchstens 220 Mill.

2. Es ist [...]ndig, dass unter den in Frankreich, im Jahre 1720 vorhandenen und {A. 1726?} umgeprägten <147> 1,800 Mill., sich 400 Million befanden, welche die Ausländer den Franzosen vorgeschossen hatten.

Grundfalsch! FORBONNAYS[19], DUVERNEY[20], und alle Schriftsteller, welche die FinanzRevolution von 1720 beschrieben, selbst DUTOT[21], der BusenAuctor des Hrn. G., bezeugen einhellig, dass die Ausländer um das Jahr 1720, 400 Mill. aus dem Lande getragen haben: aber keiner spricht von einem Vorschuss von 400 Mill.

3. Allein die Holländer ziehen järlich so viele Zinser von der französ. SchatzCammer, dass der König durch ein *Arret* vom 10. Mai 1786 4 besondere *Tresoriers Payeurs* in Amsterdam, zur Auszalung dieser Zinsen bestellt hat und besoldet.

Welch sonderbare Offenbarungen! Hier ist der ware Verlauf der Sachen. – Hr. von Calonne wollte im J. 1786 ein Anlehen in Holland machen: man beschwerte sich dorten, dass die Credit-Rentirer ihr Geld mit vielen Unkosten, erstlich nach Frankreich schicken, und bei erfolgter Rückzahlung mit ebenso viel Unkosten wieder nach Holland ziehen müssten. Um diesen Klagen also abzuhelfen, trug Hr. von Calonne, durch die *Arrets* vom 10. Mai und 1. Juni 1786, NB. den zwei HandlungsHäusern Fixeaux & Grant,

---

[19] François Véron Duverger de Forbonnais (1722-1800) war ein Nationalökonom.
[20] Joseph Pâris dit Duverney oder Joseph Pâris Du Verney (1684-1770) war ein französischer Finanzier.
[21] Nicolas Dutot (1684-1741) war ein französischer Ökonom.

und Nicol. und Jak. van Staphorst[22], auf, gewisse Renten und NB. *Remboursements* in Amsterdam zu bezalen. Diese 2 Handlungs-Häuser sind durch Hrn. G. in 4 besoldete *Tresoriers Payeurs* verwandelt! … Der augenscheinliche Beweis aber, dass es bei dieser Anstalt hauptsächlich um die *Remboursements* zu tun war, liegt darin, dass die besagte 2 HandlungsHäuser keine andre Renten, als nur von jenen Stocks besorgen, von welchen järlich ein Teil zurück gezalt wird. Die oben angeführten *Arrets* spezifizieren die *Rentes* und NB. *Remboursements des Capitaux des Emprunts* [=Anleihe] *du Decembr. 1782* {bestund in 100 Mill.}, *Billets de la Lotterie royale du 5 Avril 1783* {124 Mill.}, *de la Lotterie du 4 Oct. 1783* {24 Mill.}, *Emprunt de Decembre* <148> *1784* {125 Mill.}, *& Emprunt de Decembr. 1785* {80 Mill.}. Nur die *rentes & Remboursements* von diesen ausdrücklich benannten *Emprunts*, werden in Holland abgetragen. G. setzt nun, was kein vernünftiger Kenner der Sachen glauben kan, gesetzt, dass die Holländer den 6ten Teil an jenen *Emprunts* haben: so sind sie Besitzer von einem Capital von 70 Mill. L., das etwan 4 Mill. an Zinsen und Primen abwirft, und – welches sich bei einer genaueren Untersuchung auf die Hälfte reducirt.

4. Von den 84 Mill. LeibRenten vom 27. Mai 1787, gehört der vierte Teil ganz allein einigen Einwohnern in Amsterdam: […] die Leidner Zeitung.

Also ein Gazetten-Orakel! Wir wollen es aber vor der Hand für bekannt annehmen. Das *Emprunt à rente viagère* [=Leibrente] vom 27. Mai sollte 84 Mill. NB. an Capital betragen: es ist aber lange nicht completirt. Nach dem *Compte rendu* von 1788, p. 130, kostet es 6 Mill. an järlichen Zinsen. Gesetzt also, dass der 4te Teil davon den Holländern zustehe; so haben sie eine Rente von 1,500,000 L. zu geben.

Ich glaube nicht, dass ein Rechnungs- und überlegungsfähiger Leser, auch nur das geringste gegen diese Erläuterung, und die daraus entspringende Folgen, einwenden könne: ich will aber zum Ueberfluss den Hrn. Syndikus von Münden mit dem Stats- und

---

[22] Nicolaas van Staphorst (1742-1801) war ein niederländischer Bankier.

FinanzMinister von Frankreich zusammenhalten. Hat sich jemand über diese Vergleichung zu beschweren, so ist es gewiss Hr. G. nicht.

Hr. Necker, Adm. des Fin., Tom. II, p. 142, berechnet im Jahr 1784 auf etwas über 18 Mill. den gemeinschaftlichen Betrag von folgenden 6 Artikeln:

NB. *des Rentes apartenantes aux Etrangers & de leur part dans les remboursemnets;*

du Cabotage;

de Assurances faites en pays etrangers; <149>

du Produit des terres apartenantes en France à des Possesseurs etrangers;

des fonds qui passent à Malthe [=Malta];

de la depense que les Voyageurs françois font hors du Royaume.

Berechnen die Leser der StatsAnz. die 5 letztern Rubriken so niedrig, als sie immer wollen und können; setzen sie für das *Cabotage*, etwa für 100 Schiffe nur 1 Million, für die Assecuranzen etwa 300,000 L., für den reinen Ertrag der ausländischen Eigentümern zustehenden Güter und Herrschaften 2 Mill., anstatt der durch Hrn. G. geträumten 6 Mill.; rechnen sie für die Malthesische Respons und andere Gelder 500,000 L.; lassen sie die ins Ausland reisende Franzosen, anstatt der G-schen 6 Mill. und der Warheit gemäßer 2 Mill.; lassen sie für die Rentes und NB. die *Remboursements annuelles* ganze 12 Mill. stehen. – Und jetzt urteilen sie, wie viel Rentes und Interessen, im J. 1784 an Ausländer bezalt sind. – Berechnen sie nachgehends die Fonds, welche die Ausländer seit 1784 in die königl. Stocks gelegt haben; ziehen sie, von den dafür fälligen Zinsen, die von Ausländern von dem Könige angestorbene LeibRenten, und die Zinsen von den an Ausländer zurückgezalten Capitalien ab: – und urteilen sie wiederum, ob und wie viel neue Zinsen zu jenen, die im J. 1784 laufend waren, seit diesem Jare den Ausländern zugeteilt sind[23]; und vergleichen sie die gefundene

---

[23] »Hr. Necker erinnert: *qu'une partie des sommes {provenantes} des rentes apartenantes aux Etrangers & de leur part dans les remboursements, étoit souvant*

Summe der jetzto nach Hrn. Necker ins Ausland reisenden Renten, mit den 60 Mill., welche Hr. G. für das minimum derselben angenommen hat. Das unstreitige Resultat von dieser Vergleichung muss wohl seyn, dass einer von den beiden Schriftstellern offenbare <150> Ungereimtheiten in die Welt hinein geschrieben hat: ob Hr. Necker, der wusste, was er schrieb, und von TatSachen ausging? ob Hr. G., der mutmaßte, und sich mit Gesichtern behalf? – Das ist wohl nicht schwer zu entscheiden.

> V.   Ueber die ☽ und ⊠ Münze in Frankreich; auch die Caisse d'Espargne.

Polit. Journ. 1788 Märzstück

Hr. G. kan unmöglich glauben, dass die Münzen in Frankreich lange nicht so häufig, wie die ⊙Spesen seit 1784 bis 1786, oder wol gar nicht, eingeschmolzen worden. Und die Sache ist doch äußerst leicht zu begreifen! Frankreich zieht järlich eine ungeheure Summe von Piastern aus Spanien, und wird dadurch reichlich mit ☽ versehen: nun verliert der ☽Arbeiter, der dieses edle Metall verbraucht, auf jeden Laubthaler, der gerade aus der Münze kommt, und noch vollwichtig ist, bei dem Einschmelzen desselben, etwa über 4 Sols, oder 3 ½ proC., gegen den KaufPreis des ☽ in Piastern; es ist also demonstrirt, dass er ihn nicht einschmelzt, weil er nicht nötig hat, sich auf diese kostspielige Art mit ☽ zu versehen. Bei dem ⊙ aber gewann der ⊙Arbeiter von 1784 an, 20 und mer Livres per ☉, wenn er die Louisd'or einschmolz, weil die ☉ Louisd'or ⊙ im Handel und Wandel 740 und mer L. galt, und die gleichhaltigen ⊙ in Louisd'or zerstückelt, nur mit 720 L. bezalt wurde. Diese TatSachen kan niemand wegraisonniren, noch viel weniger durch das, was anderwärts geschieht, entkräften.

---

balancée par les nouveaux placements que les Etrangeres faisoient dans les fonds publics. Adm. d. Fin., Tom. II, p. 143. «

Es ist falsch, dass die MünzOrdnung vom 30. Oct. 1785, den Wert des s erhöht habe. Sie setzt ausdrücklich fest, dass durchaus keine Veränderung, weder bei dem innern Gehalt, noch bei der *Valeur numeraire* der Sorten, statt haben solle: und die x rauhen s wurde vor wie nach, und wird jetzo noch gerade in dem nämlichen Preis <151> in den Münzstädten angenommen, wie vor der *Declaration* vom 30. Oct.

Und ebenso falsch ist es, dass die LaubThlr. jetzo, NB. in Frankreich, mit Vorteil gegen ☉ eingewechselt und eingeschmolzen werden können. Der LaubThlr. gilt bei seinem unveränderten Schrot und Korn heute noch 6 Livres, wie vor 4 Jahren: 4 LaubThlr. stehen heute noch im Handel und Wandel einem neuen Louisd'or gleich, wie sie ihm vor dem 1. Nov. 1785 gleich stunden; und dieser gilt jetzo 24 L., wie vor dem 1. Nov. 1785, ob er schon um 1/10 leichter wiegt. Die Folge davon ist, dass die feine im Handel und Wandel mit 54 - 55 L. bezalt wird, ohne allen Unterscheid, ob ich sie in ☉ oder ☽Münze bezale; und dass der ☽Arbeiter, der heute 4 LaubThlr. gegen 1 Louisd'or einwechselt, und sie einschmelzt, gerade eben jene 16 - 17 Sols auf dieser Operation verliert, die er vor 4 Jahren darauf verloren hatte: weil man NB. in Frankreich, die hiesigen ☉ und ☽Sorten blos nach ihrer *Valeur numeraire* berechnet, und die *Valeur numeraire* derselben durch die *Declaration* vom 30. Oct. keine Änderung erlitten hat.

Eine ganz andere Beschaffenheit hat es damit in den Ausländern, wo die neuen Louisd'or nach ihrem inneren Wert geschätzt, und im Handel und Wandel angenommen werden. Da sie in diesen Ländern um 1/10 weniger werth sind, als die alten nach dem Schrot von 1726 ausgeprägte Louisd'or: so gewinnt der ausländische Speculant ein Beträchtliches darauf, wenn er die neuen Louisd'or, so er im Auslande nach ihrem inneren Wert eingewechselt hat, nach Frankreich trägt, sie daselbst nach ihrer *Valeur numeraire* gegen LaubThlr. verwechselt, und diese letztere mit sich nach Hause nimmt. Dieser Fall aber kan, wie gesagt, in Frankreich nicht existieren.

Im übrigen gestehe ich herzlich gerne ein, was jedermann in Frankreich bemerkt hat, dass die übertriebene Piasterlieferungen in die königliche Münze, und der darauf <152> zugestandene *Surachapt*[24], in dem Zeitraum von 1784, 1785 - 1786, das ☽ im Handel und Wandel sehr verteuert, und dadurch den Arbeitern Gelegenheit gegeben hat, die vollwichtigen LaubThlr. ohne Schaden, vielleicht gar mit Vorteil, einzuschmelzen. Aber die Leser der Stats-Anz. sehen auch ohne meinen Wink, 1. dass dieser zufällige Zustand der Sachen, keine Folge von der MünzVerordnung vom 30. Oct. 1785 war, sondern blos allein von dem in den Jaren 1784 und 1785 durch die französ. Münzlieferanten veranstalteten verderblichen Aufkauf aller in Spanien vorrätigen Piaster herrührte, wodurch sie gänzlich dem Handel und Wandel entzogen sind, und: 2. dass der etwanige Abgang, welchen das französ. NationalCapital durch jene Einschmelzung der LaubThlr. erlitten hat, selbst durch die Ursache desselben ersetzt ist; indem in jenen drei Jaren, anstatt der sonst gewöhnlichen, järlich auf 30 bis 35 Mill. ansteigenden ThalerAusmünzung, weit über das gedoppelte ausgeprägt worden, und die Masse des Geldes in jenem Zeitraum mit 188 Million vermert ist, anstatt dass sie nach dem ordentlichen Gange der Dinge einen Zuwachs von 100 bis 110 Mill. hätte erhalten sollen.

Ich will hier dem Hrn. Des Rotours eine Anmerkung abborgen, welche die gegenwärtige Materie in das hellste Licht setzt. Frankreich empfängt järlich für seine HandlungsBalance eine meistens gleiche Quantität Piaster, deren unveränderliche Bestimmung ist, teils die NationalIndustrie mit einem unentbehrlichen Material, teilt die königl. Münze mit dem järlich auszuprägenden zu versorgen. Die beiderseitigen Bedürfnisse sind durch eine lange Erfarung abgewogen und verhalten sich meistens gegeneinander, wie 2:5. Nun sollten freilich, bei der wirklichen Verteilung der nach Frankreich gebracht Piaster, die Bedürfnisse der <153> Fabriken von Rechts wegen den Vorzug vor den Münzlieferungen haben; und sie behaupten ihn auch, solange der verhasste *Surachapt* nicht Platz greift. In diesem Falle bleibt der KaufPreis des ☽ auf dem gesetzlichen Fuß; der ☽Arbeiter kan sich hinlänglich im Lande selbst

---

[24] »Ich habe StatsAnz. XLV, S. 57, die Natur und den Ursprung dieses Surachaps erklärt.« – Surachapt: sovielwie Überbezahlung.

damit versorgen, und gerät nicht auf die Versuchung, noch in die Notwendigkeit, LaubThlr. mit einem Verlust von 3 ⅓ proC. einzuschmelzen. –

Wenn aber die königl. Münze den Vorkauf ausübt; wenn sie mehr Piaster unter den französ. Stempel legt, als ihr die Proportion von 2:5 zuteilte; wenn sie auch jene Piaster an sich reißt, welche die Fabriken zu ihrem Unterhalt erheischten: alsdann müssen diese letztere ihr nötiges ☽ den Ausländern abkaufen; dadurch steigt der Wert davon im Handel und Wandel, und der französ. ☽ Arbeiter findet bald seinen Vorteil bei der Einschmelzung vollwichtiger LaubThlr.; dadurch ergibt sichs am Beschluss, dass der Finanzminister, der das französ. NationalCapital durch eine übertriebene Ausmünzung neuer LaubThlr. zu vermeren glaubte, gerade so viel alte LaubThlr. in den SchmelzTiegel jagt, als um wie viel er die Gränzen der ordentlichen Ausmünzung überschritten hat. Sind 36 Mill. das Quantum, womit die Masse des ☽Geldes ohne Nachteil der ☽Arbeiter järlich kan vermert werden: so kömmt es letztlich zuletzt grade auf eins hinaus, ob er, der FinanzMinister, über dieses Quantum hält, oder ob er es mit 12 oder mer Mill. überschreitet. Im ersten Fall versorgt sich der Fabrikant mit Piastern, davon eine hinlängliche Menge zu seinem Gebrauch in Frankreich übrig geblieben ist. Im zweiten Fall fehlen dem Fabrikanten die auf eine übertriebene Ausmünzung verwendete 12 Mill. an Piastern: er entschädigt sich durch die Einschmelzung von 12 Mill. werth an LaubThlrn., und das NationalCapital behält nur den Gewinnst von 36 Mill., der ihm ursprünglich zugedacht war.

Die Anmerkungen, welche Hr. G. Seite 232 über meine Allegationen von Forbonnays und Beausobre[25] über die Betrag des französ. NationalCapitals in den Jaren 1754 und 1771 gemacht hat, übergehe ich mit Stillschweigen. <154> Die erstere, die sich auf das Zeugnis von Fourbonnays bezieht, ist sichtbare W[...]; und die zwote erledigt sich durch die [...]mmung des Glaubens, den

---

[25] Ludwig von Beausobre (1730 Berlin bis 1783) war ein Schriftsteller, Philosoph und Nationalökonom.

Beausobre verdient, wenn er eine zu seiner Zeit allgemein angenommene Meinung anfürt.

SilberMünze in Frankreich, nicht blos Scheidemünze.

[…]

KupferMünze in Frankreich.

[…]

VI.   Allgemeine Erklärung des Austrasiers.

[…]

1789 April »Ueber das königliche französische Arrêt vom 11. Jul. 1788«[26]

28 Ueber das königliche französische Arrêt vom 11. Jul. 1788

Versailles, im April 1789

Im JulStück des Polit. Journ. 1788, und in eben dem Artikel, wo der gelerte Hr. Verf. desselben, seinen Lesern eine sogenannte ware Darstellung des Streits der französ. Nation mit dem Könige vorlegte, kömmt S. 740 eine Stelle vor, die man von einem redlichen Geschichtschreiber, <243> welcher sich der wichtigen Pflicht, Warheiten für die Nachwelt zu sammeln, unterzogen hat, niemalen erwarten sollte; und die einen neuen Beweis von der Verläumdungssucht, oder von der elenden Unwissenheit seines angeblichen Correspondenten in Paris, abgibt.

Er unterhält das Publicum mit dem bekannten *Arrêt* wegen der Versammlung der Allgemeinen ReichsStände [= États généraux].

Dieses Edit, sagt er, *ist sehr künstlich abgefaßt, zeigt aber doch, daß der König nicht gemeint ist, jene Versammlung so bald zu halten, wie es allgemein gefodert ist.*

Und woher schließet dieses der gelerte Journalist? weil der König befolen hat, in allen Provinzen des Reichs, über die Form und die Zusammensetzung der ReichsVersammlung, Nachsuchungen anzustellen, und die Berichte auf das späteste in den 2 ersten

---

[26] Fundstelle: (Schlözer, Stats-Anzeigen XIII, 1789, S. 242 ff).

Monaten des Jars 1789, an den Hof einzusenden; und weil Se. Maj.
auch alle gelerte Personen im ganzen Königreiche, auch die Mitglieder der *Académie des Inscriptions*, eingeladen hat, Anmerkungen
und *Memoires* in Absicht der ReichsVersammlung einzusenden.

Hieraus zieht der gel. Verf. des pol. Journ. die – giftige –
Anmerkung, daß sich so viele Widersprüche, Streitigkeiten, Anmassungen, vorfinden werden, und daß die Hrn. Gelerten und vom
Könige besoldete Akademisten, über die Rechte und NichtRechte
dieser und jener und der ganzen Versammlung, über die Auctorität
des Königs, und über das ganze *Jus publicum*, so viele Vewirrung
bringen und den Ständen so viele Rechte streitig machen, daß sich
von dieser Versammlung so bald noch nichts erspriesliches, und so
bald wol gar nichts, erwarten lasse.

Dieses alles fand der Hr. V[erfasser] des P[olitischen] J[our-
nals] in dem unschuldigen *Arrêt* vom 11. Jul. 1788! – die beste Antwort darauf ist diese: daß ohne jenes *Arrêt*, und ohne die darauf
gefolgte und daraus entsprungene Masregeln, die Versammlung der
ReichsStände so bald noch nicht Statt gefunden hätte. Jedermann,
der nur eine allgemeine <244> Kenntnis von den hieländischen
StatsAngelegenheiten hat, weiß,

- daß die französ. ReichStände niemalen ein selbständiges und
  immerwärendes *Corpus* ausgemacht haben;
- daß kein Archiv der ReichsStände, kein öffentliches *Depôt* vorhanden ist, wo die *Acta* der vormaligen ReichsTäge niedergelegt wären;
- daß diese *Acta* ihrer Natur niemalen in den *Trésor des
  Chart(r)es* erbracht sind;
- daß sie in den *Bureaux* der jedesmaligen StatsSecretäre aufbe-
  halten werden;
- daß die gesammten Akten dieser *Bureaux* bei den Erben der
  StatsSecretäre geblieben, und jetzo in 100 PrivatBibliotheken
  zerstreut sind, weil die *Depôts de l'Administration* erst seit den
  Zeiten Colberts und Louvois bei der Regierung existiren;

- daß der letzte ReichsTag vor 174 Jaren gehalten ist, von welchen Zeiten kein Blättchen AdministrationsPapir in den königl. BriefGewölben angetroffen wird;
- daß niemalen eine gewisse Ordnung, niemalen eine bestimmte Form, weder in Absicht der Zusammenberufung und der Zusammensetzung, noch in Absicht der HandlungsArt der ReichsTäge in Frankreich bekannt gewesen;
- daß die Zal der Deputirten von einem ReichsTag zum andern, sich willkürlich geändert hatt, so daß bald 300, bald 331, 400, 505 und zuletzt 454 Deputirte zusammengekommen sind; wobei gar keine gewisse Einteilung unter die drei Stände beobachtet war:

mit einem Wort, daß der geschickteste StatsMann vor 8 Monaten nicht im Stande gewesen wäre, eine selbst unvollkommene Nachricht über die Art zu erteilen, wie man bei der Zusammenberufung und bei der Eröffnung der ReichsStände zu Werke gehen solle. Dieser beinahe unglaublichen, und dennoch landkündigen Ungewißheit, oder vielmer Unkündigkeit, hat das *Arrêt* vom 11. Juli abgeholfen; und es bleibt immer merkwürdig genug, daß alle gewisse und zuverlässige Nachrichten, welche der Regierung zu Händen gekommen sind, aus der königl. Bibliothek, aus den Bibliotheken von den Abteien S[aint-]Germain des Prés, S[ain]te-Geneviève, und Marmoutier, aus der Bibliothek von Lyon, <245> und was die *Langue d'oc*[27] anbetrifft, aus einer Provençal. PrivatBibliothek zusammengeflossen sind. Und dennoch hatte eine eigens dazu niedergesetzte Commission von StatsRäten, 4 Monate lang zu arbeiten, um schwankende Grundsätze über die Art der Berufung und der Zusammensetzung der ReichsStände daraus zu ziehen; so gar daß der König sich zuletzt genötiget sah, öffentlich zu erklären, daß die jetzige Methode blos provisorisch sei, um wenigstens auf irgend eine Weise die ReichsVersammlung zu veranstalten, und daß die ReichsStände selbsten ihre zukünftige Verfassung bestimmen und beschliessen sollen.

---

[27] Das Languedoc ist eine historische französische Provinz mit der Hauptstadt Toulouse.

Wollen die Leser ein unverwerfliches Zeugnis über alle
diese Warheiten anhören? Es steht in dem vortrefflichen ›Essai sur
l'histoire des Comices de Rome, des Etats-généraux de la France, &
du Parlement de l'Angleterre‹, Tom. II, p. 188:

> *Les Etats n'eurent point des Archives; toutes*
> *leurs decisions, semblables aux oracles de la*
> *Sibylle[28], ne furent écrites que sur des feuilles*
> *volantes qu'on ne retrouve point au besoin,*
> *qu'on ne sait où prendre aujourd'hui, &*
> *qu'on ne rencontre que par hasard dans des*
> *Bibliotheques où on les a ramassées comme*
> *des pieces curieuses.[29]*

Ich habe so viel Zutrauen in die bekannte Redlichkeit,
Warheitsliebe, und Unparteilichkeit des gel. Hrn. Verf. des pol.
Journ., daß ich vollkommen glaube, daß er die oben angezogene
verläumderische Anmerkung, seinen Lesern und sich selbsten erspart hätte, wenn er nicht durch seinen verächtlichen, und äußerst
untreuen, oder äußerst unwissenden Correspondenten in Paris, in
einen groben Irrttum gestürzt wäre.

Das 8te Stück des Pol. Journ. vom August 1788, zeichnet
sich durch übertriebene, teils falsche Nachrichten von den hielän-
dische Unruhen aus, deren Widerlegung oder Berichtigung nicht
zu meinem Zwecke gehören. Vielleicht <246> erscheint bald eine
zuverläßige und unparteiische Geschichte dieses ZeitBegriffs.

---

[28] In der griechisch-römischen Antike Seherinnen, vor allem die Sibyllen von Del-
phi oder Cumae.
[29] nach (M***, 1789).

1789 Febr »Zuverlässige Nachricht von Frankreichs StatsSchulden vor dem ReichsTage«[30]

38 Zuverlässige Nachricht von Frankreichs Stats-Schulden vor dem ReichsTage. Versailles, Febr. 1789.

Vergl. mit Polit. Journ., Novemb. 1787 [S. 1043]:

Hr. Necker schlägt die Summe der schuldigen Capitalien im J. 1783 nur auf 3,400 Mill. an, und ihre järliche Verzinsung auf 207 Mill. Nun ist aber bei der Versammlung der Notablen offenbar worden, dass die Stats-Schulden Frankreichs über 6,000 Mill., und ihre järliche Verzinsung über 300 Mill. betragen. Mich dünkt – setzt Hr. G. hinzu –, eine solche Verrechnung ist hinlänglich, um daraus die Warheit unsrer Behauptungen zu erkennen …

Freilich wäre die Verrechnung ärgerlich groß, wenn nur Ein Wörtchen am ganzen Vorgeben war wäre. Aber <328> das ist, zum großen Glücke Frankreichs, nicht! Ich bin weit davon entfernt, dem Hrn. G. die falsche Nachricht zur Last zu legen, worauf er seine obige Anmerkung gründete. Sie gehört eben den Bulletinisten und ZeitungsOraclen eigentümlich zu, wider welche er am Ende seines Artikels so sehr eifert.

---

[30] Fundstelle: (Schlözer, Stats-Anzeigen XIII, 1789, S. 327 ff).

Die guten Leute hatten bei Hrn. Necker gelesen, oder aus der *Administr[ation] des finances* sagen gehört, daß die StatsSchulden im J. 1783 auf 3,000 Mill.[31] angestiegen waren. Sie hatten gehört, daß das Deficit vom J. 1787 auf 146 Mill. geschätzt wurde. Nun war die Rechnung fertig: die abgehende 146 Mill. stellen gerade die Interessen [=Zinsen] von einem Capital von 3,000 Mill. vor; Ergo sind sie die Interessen von einem Capital von 3,000 Mill.; Ergo sind die StatsSchulden seit 1783 um 3,000 Mill. vermert; Ergo hat noch kein Jahrhundert, seit der Stiftung der Monarchie, ein Beispiel von einer solchen abscheulichen Verschwendung gesehen; Ergo und Ergo! Und das Parlement von Dauphiné predigte alle diese Ergo's seinen GerichtsVerwandten vor; und das Parlement von Pau sprach sie dem von Grenoble nach; und das Parlement von Paris war auch schon bereit zu ergotiren, als ihm zum größten Glück ein kleiner Entwurf von Deficit mitgeteilt wurde, welcher es auf andre Gedanken brachte. – der Hr. Mathon de la Court[32], in seiner *Collection des comptes rendus*[33], p. 230 in der Note, schreibt über diesen lächerlichen Misverstand:

> *c'étoit assurement une idée bien étrange que*
> *celle des gens qui faut de savoir ce qu'en en-*
> *tend par le deficit, vouloient absolument*
> *qu'un deficit de 140 Millions fut la preuve*
> *d'un accroissement de dettes de trois mil-*
> *liards. Avant que de croire & d'avancer de*

---

[31] »2,180 Mill. für die 109 Mill. *Rentes & Interêts perpetuels;* u. 890 Mill. für die 81 Mill. *rentes viagères.* «

[32] Charles-Joseph Mathon de La Cour (* 6. Oktober 1738 in Lyon; † 15. November 1793 ebenda) war ein französischer Ökonom, Autor und Philanthrop, sowie Gründer und Redakteur mehrerer Periodika.

[33] Collection de comptes-rendus, pièces authentiques, écrits et tableaux concertant les finances de la France depuis 1758 jusqu'en 1789, 4 Bände, Paris, 1788.

*pareilles absurdités, il faudroit examiner si
elles sont possibles.*

Da sich also die Anklage des Hrn. G. auf eine blose <329>
Ungereimtheit bezieht: so wird man Hrn. Necker gerne von der
Schuld der hier gerügten Verrechnung lossprechen.

Vielleicht ist es den Lesern der StatsAnzeigen nicht unan-
genem, hier eine zuverlässige Nachricht von dem progressiven
Wachstum der französ. StatsSchulden anzutreffen. Ich ziehe sie
nach Gewonheit, aus lauter gedruckten Quellen, damit jedermann
meine *Allegata* nachschlagen kann.

Im J. 1722 belief sich die NationalSchuld auf 1,700 Mill.,
wovon die Interessen zu 2 ½ proCent gezalt wurden. –
Forbonnays[34] *Recherches*, Tom. VI, p. 384.

1733 zalte die Krone 57 Mill. an *Rentes perpetuelles*[35], und
8 Mill. an *Rentes viagères.* – Forbonnays, p. 386.

1739 stunden die *Rentes perpetuelles* auf 36,184,000 L[iv-
res], und die *Rentes viagères* auf 23,813,600 L. – Büschings[36] Magazin, B. V, S. 196 folg.[37]

1741. *Rentes perpetuelles* 28, 125,000, und mit den 8
Mill., welche die *Compagnie des Indes* zog, 36,125,000 L.; *Rentes
viagères* 20,895,000. – Büsching, B. V, S. 236.

---

[34] François Véron Duverger de Forbonnais (1722-1800); Recherches et considéra-
tions sur les finances de France depuis l'année 1595 jusqu'à l'année 1721... (1758).
[35] *Rente perpetuelle* = ewige Rente, *Rente viagère* = lebenslange Rente/Leibrente.
[36] Anton Friedrich Büsching (* 27. September 1724 in Stadthagen, Schaumburg-
Lippe; † 28. Mai 1793 in Berlin) war ein deutscher evangelischer Theologe und
Geograph; Magazin für Historiographie und Geographie, 25 Bde., Hamburg
1767–1793.
[37] »Ich lasse diese Anzeige für das, was sie ist, gelten. «

1750. *Rentes perpetuelles & Interêts* 38,120,640 L., für ein Capital von 1,419,825,600 L.: und *Rentes viagères* 25,745,082 L., die man schätzte für ein Capital von 217,450,820 L. Zusammen 1,677,876,420 L. Capitalien, und 63, 865,782 L. Interessen. – Büsching, B. II, S. 251.

1758. *Rentes perpetuelles* 29,420,000 L., *Rentes viagères* 16 Mill. Hiezu kamen noch an Capitalien die durch Lotterien aufgenommen, und davon die Interessen zu 6 proC. gerechnet waren, 216 Mill.; und an *Rentes* bei 12 Mill.; – und die seit 1757 neu creirte *Rentes viagères* von 6 Mill.: also zusammen *Rentes perpetuelles* 29,420,000 L., Lotteries 13 Mill., *Rentes viagères* 22 Mill. *État des finances de la France par Mr. de <330> Boulo(n)gne Control[eur] gen[eral des finances]*, bei dem Hrn. Mathon de la Court, p. 9, 11-13, 21-23.

1765 classificirte der neue *Control. général*, [Clément Charles François] de Laverdy, die gesammte königl. Schulden. Der König zalte damals überhaupt 93,468,598 L. Interessen, sowol für stehende Capitalien, als für Rückstände bei allen Departements, und für die Vorschüsse der *Fermiers*, und für die *Anticipations* etc.: und diese 93,468,598 L. Zinse, marquirten ein Capital von 2,157,116,651 L. Die *Rentes viagères* betrugen 53,. 060,565 L. – Mathon de la Court, p. 51.

1775 lies der FinanzMinister Turgot ein genaues Verzeichnis von den damaligen StatsSchulden verfertigen: sie bestunden in

A.	*Rentes perpetuelles*	47,442,779	Livres
B.	Andren Interessen	26,906,729	Livres
C.	*Rentes viagères*	45,922,926	Livres
D.	für 73 Mill. *Anticipations*	4,000,000	Livres

An rückständigen Zalungen, *Paiements arrieres*, die keine Interessen trugen, waren noch übrig 235 Mill. – Mathon de la Court, p. 146, 149, 167, 229.

1776 berechnet der Hr. de Clugny, damaliger Control. génér., die

Interêts zu	9,265,670	Livres
Rentes perpetuelles zu	53,254,503	Livres
Rentes viagères	44,374,989	Livres

Wenn man aber die *Interêts relatifs aux regies*, und die *fraix de regie*[38], worunter die Zinsen von den *Anticipations* begriffen sind, und die zusammen über 17 Mill. ausmachten, dazu zält: so kommen etwa 123 Mill für das Ganze an allen Arten von Verzinsungen heraus. – Mathon de la Court, <331> p. 173, in Verbindung mit dem großen Turgotschen *Compte rendu*.

1781, da Hr. Necker seinen *Compte rendu au Roy* in Druck gab. Von diesem Jar besitzen wir kein besonders Verzeichnis, weder von den damals schuldigen Capitalien, noch von den desfalls bezalten Interessen. Wir wissen nur aus einzelnen Stellen, daß die *Rentes viagères* noch über 50 Mill., die *Rentes perpetuelles* 31, die *Interêts divers* 45, die Zinsen von den in den Provinzen aufgenommenen Capitalien etwa 5, betragen haben. Setzt man noch ein 10 Mill. für die *Interêts des fonds d'avance*, und für jene von den eigentlichen *Charges des finances* dazu – wovon man die Anzeige bei Hrn. Necker, Adm. d. fin., Tom. II, p. 150 folgg., findet, die aber, wegen der nach 1781 geschehenen Vermerungen, einen Abzug von 3 Mill. leidet –: so kommen die 140 Mill. heraus, welche ich

---

[38] »Hieher gehören auch die Zinsen von den *Rescriptions suspendues*, so wie jene von den *Billets des fermes*. «

StatsAnz., Heft 42, S. 142, für den allgemeinen RentenBelang von 1781 ausgeworfen habe.

1784, da Hr. Necker sein Buch von der Administr. d. fin. schrieb, zalte der König an

Rentes & interêts perpetuels, mit Einbegriff der *Gages*	109	Mill.
Rentes viagères	80 ½	Mill.
	189 ½	Mill.

Und diese Summe reducirte sich unter 188 Mill., wenn man davon die Zinsen von jenen 50 Mill. an alten SchuldBriefen abzieht, die zum Anlehn von 1782 geschlagen sind. – Adm. d. fin., Tom. II, p. 347.

1787 übergab Hr. von Calonne den *Notables* einen *État des Recettes & des Depenses pour l'année 1787*. Wenn man darinn die Artikel zusammensucht, die sich auf das SchuldenWesen beziehen; so finden sich an

Rentes viagères etwa höchstens	95	Mill.
Allerlei Arten von Verzinsungen, *Rentes perpetuelles* u. *Indemnités annuelles* etwa	125	Mill.
zusammen allerhöchstens	220	Mill.

<332> worunter für den eigentlichen RentenStat etwa 152 Mill. gehören. – Diese 220 Mill. sind doch weit genug von den 300 Mill. entfernt, so Hr. G., in schuldigem Vertrauen auf eine gewisse Handschrift, seinen Lesern für die französ. StatsZinsen vorgebildet hat. Der neuste *Compte rendu* von

1788, entfernt sich wenig oder gar nicht von der Calonnischen Angabe. Ich finde bei einer genauen Durchsicht desselben

219 Mill. an allen Arten von *Rentes, Interêts*, und *indemnités annuelles*: diese auffallende Gleichheit mit dem Zustande von 1787, hat ihren zureichenden Grund darinn, daß die Zinse von den seit dem April 1787 bis an den Jun. 1788 – freilich mit Ausschluß des unvollendeten Anlehens von 120 Mill. – aufgenommenen Capitalien, teils durch die abgestorbenen Leibrenten, teils durch die heimgefallenen Zinsen von den zurückgezalten Capitalien, compensirt sind.

Wenn jemand Lust haben sollte, die Progression von diesem RentenStand seit dem *Compte rendu* von 1781 zu kennen: der trifft zuverlässige Nachrichten darüber in den verschiedenen Werken des Hrn. Neckers an. – Die 48 Mill., mit welchen der RentenStand zwischen 1781 und 1784 vermert ist, erläutert dieser bidere und klassische Schriftsteller in Adm. d. fin., Tom. II, p. 522, 524. – Das Geschlechtregister der 80 bis 81 Mill., welche im J. 1787 gegen 1781 überschießen, steht im *Memoire du mois d'Avril 1787*, p. 85 sqq. – Und die 81 Mill., womit der RentenStand von 1788 jenen von 1781 übersteigt, findet seine Erklärung in den *Éclaircissements nouveaux*[39], p. 149 und 152.

Jetzo fragt sichs, wie hoch das SchuldenCapital sich belaufe, welches durch die 220 Mill. an Renten, Zinsen, und sogenannten *indemnités annuelles*, marquirt wird? Diese Frage ist nicht so leicht zu beantworten, als mancher Statistiker sich vorstellen möchte. Die Schwierigkeiten, die sich dabei äußern, liegen in der Verschiedenheit des ZinsFußes, der bei dem französ. SchuldenWesen hergebracht <333> ist, und der sich in gleicher Maße über die *Rentes perpetuelles*, über die *Interêts*, und über die LeibRenten erstreckt.

1. Die *Rentes perpetuelles*, die man auf gewisse Art mit der fundirten Schuld in England vergleichen kann, sind zu 2, zu 2 ½, zu 4, zu 5 proC. zalbar: die meisten stehen zu 4 proC., vermöge der durch den Abbé Terray im J. 1771 angestellten

---

[39] Necker, Jacques. Sur le compte rendu au roi en 1781. Nouveaux éclaircissemens. Lyon 1788.

Reductionen; und es dürften wol wenige von 1, auch wol von 2 ½ proC. übrig bleiben, seitdem der König den Rentirern frei gestellt hat, die Rückzalung ihres Capitals in der Proportion des *denier vingt*, oder mit 20 Livres für eine jede ZinsLivre, anzunemen.

2. Die *Interêts*, welche einiger maßen der nichtfundirten Schuld an die Seite gestellt werden können, sind freilich in geringer Anzal zu 4 proC., die allermeisten aber zu 5 proC., bezalt: weil aber ein großer Teil davon, bei der periodischen Rückzalung des Capitals, mit gewissen Primen begleitet wird; so kann man für diese letztere den ZinsFus von 6 proC. annemen, bei einigen wol gar 6 ½.

3. Die Leibrenten sind bald auf einem, bald auf 2, sehr selten auf 3 oder 4 Köpfe verschrieben: will man auch die letztere zwo Klassen ganz aus den Augen setzen, so verwirren doch die übrigen zwo Bedingungen diesen Teil der hieländischen Stats-Rechnungen auf eine klägliche Weise. Hr. Necker meint, daß das Capital von den jetzo gangbaren Leibrenten sich ziemlich sicher erraten lasse, wenn man den Betrag derselben mit 11 multiplizirt. Nach diesem Masstab beliefe sich das Capital der jetzo existirenden *Rentes viagères* auf 1,056 bis 1,060 Millionen.

Das einzige Mittel, das Capital von den *Rentes perpetuelles* und von den *Interêts* ausfindig zu machen, ist, daß man die ungeheure Menge von *Edits, Declarations, Arrêts du Conseil* etc. etc. durchstudire, vermöge welcher jene Capitalien aufgenommen, und diese Renten und Zinsen verschrieben sind. Eine kleine Arbeit, so der zukünftige ReichsTag [=Nationalversammlung] vielleicht dem FinanzDepartement anmuten <334> wird, und deren Ausfürung, wenn sie nicht mit großer Klugheit vorgenommen ist, gerade eben den Schaden stiften dürfte, den der Hr. von Laverdy vor 23 Jaren mit seinem *Recensement* der *dette nationale* angerichtet hat.

Der Hr. Mathon de la Court, nachdem er alle *Comptes rendus* seit 1758 genau untersucht, und die hin und wieder zerstreute Nachrichten und Fingerzeige mühsam gesammelt und beobachtet hat, schätzte p. 227 das gesammte SchuldenCapital von 1787, an *Rentes, Interêts, Anticipations* und laufenden Posten, welche die *dette exigible arrierée* ausmachen auf 3,000 Mill. setzt man zu dieser Summe die 1,050 oder 1,056 Mill., welche das ursprüngliche Capital von den *Rentes viagères* seyn mochten; so entsteht daraus ein Sümmchen von 4,000 Mill. – Folglich ganze 2,000 Mill. weniger, als der Hr. Syndicus von Münden in seiner Handschrift gefunden hat.[40]

Diese Berechnung schließt sich genau an jene von Hrn. Necker, Adm. d. fin., Tom. II, p. 357, an. Die *Interêts perpetuels*, welche sich im J. 1784[41] auf 109 Mill. beliefen, multiplicirte er mit 20; diese geben ein Capital von 280 Mill.: und die 80 Mill. *Rentes viagères* mit 11; so fanden sich 890 Mill.: folglich zusammen etwas über 3,000 Mill. Nun aber sind die fonds von den *Rentes* und *Interêts perpetuels* seit 1784 mit 750 bis 760 Mill., und jene von den *Rentes viagères* mit etwan 140 Mill. vermert worden {siehe *Mem. du mois d'Avril*, p. 38[42], *Compte rendu* <335> *en 1788*, p. 130-132

---

[40] »Also war auch die Angabe des Hrn. Grafen de Lamerville {oben, Heft 46, S. 204} falsch. – S. «

[41] »Ich lasse, wie billig, die 16 Mill. weg, die im Neckerschen SchuldenRegister von 1784 unter den N. 17 und 18 vorkommen, und nicht zur NationalSchuld gehören. «

[42] »Man würde sich vergebens bemühen, wenn man in der Sammlung von den königl. Verordnungen, die sich auf die Errichtung neuer Leibrenten beziehen, das Anlehen von den 140 Mill. nachsuchen wollte, worauf sich die Vermerung den *Rentes viagères* zwischen 1783 und 1787, von 80 auf 95 Mill., gründet. Der öffentlich veranstaltete Zuwachs beträgt keine 4 Mill., und kömmt wenigstens zur Hälfte von fremden Anlehen her, welche der König auf sich genommen hat: z. B. die vom Prinzen von Guernené etc. Die übrigen 10 bis 11 Mill. sind ganz *incognito* entstanden, und rüren von einer geheimen Operation des Hrn. von Calonne her, der, nach seinem eigenen Geständnis {*Requete au Roi, pièces justific.*, IX, p. 84 , 85}, die 2 *Emprunts viagèrs* von 1781 und 1782, um 102,900,000 L. an Capital, und um 10,290,000 an Leibrenten, vermert hat, ohne sich durch irgend eine Art von gesetzlichen Befelen oder Verordnungen dazu bevollmächtigen zu lassen. Ein Verfaren, das ihm von Rechts wegen, als eine an dem Könige, der Nation, und den CreditRentirern, begangne Untreue vorgeworfen ist; und das wol schwerlich durch die Trübseligkeit der Umstände, in welchen der Hr. von Calonne sich befand, entschuldigt werden kan. «

etc.}; und die *Paiements arrierés* beliefen sich noch im J. 1788 auf etwan 48 Mill. – *Compte rendu* 1788, p. 172.

[…]

Hr. Necker hat gegen Hrn. von Calonne bewiesen, daß die gesammten Anlehen, welche der König, vom Ende des J. 1776 an, gemacht hat, und womit die letzten KriegsUnkosten bestritten sind, sich belaufen haben auf die Summe von 1,647,200,943 L.: und es ist bekannt, daß keinen andre neue Auflagen in diesem ganzen Zeit-Raum auf das Volk gelegt sind, als die noch fortdauernde 2 *Sols pour Livre* bei der *Gabelle*[43], den *Traites*, und der *Accise*, welche ein Jar ums andre etwan 22 bis 23 Mill. abwerfen. {Der 3te *Vingtième* hat nur wenige Jahre [1760-1763] gedauert, und in der ganzen Zeit keine 100 Mill. abgetragen.} Die ganze Last der Zinsen, welche von jenen 1,647 Mill. neuer Schulden fallen, und weit über 100 Mill. Livres erfodern, ist also blos durch jene 22 bis 25 Mill., und durch die natürliche Vermerung oder Verbesserung der alten Auflagen, bedeckt: und da fällt jedermann in die Augen, daß diese 2 AuskunftsMittel lange nicht zur Hälfte zugelangt haben. Setzt man jetzo zu den unbesorgten Renten, für welche kein eigner *fond* mer vorhanden war, und die leichte ein 50 Mill. ausmachen konnten, noch andre 50 Mill. an *Remboursements forcés*, welche der König alljärlich auf Abschlag der *Emprunts à Interêts* machen muß: so findet man den Ursprung und die ware Ursache von dem berüchtigten Deficit, und sieht handgreiflich, daß dieses fatale Wörtchen niemalen würde gehört seyn, wenn man gleich im ersten KriegsJare, oder wol gar gleich nach dem letzten FriedensSchluß, angefangen hätte, die 2 *Vingtièmes* gesetzmäßig einzufodern, und mit dieser, leichter einen Zuwachs von 30 Mill. vorstellenden Einname, ein bischen Oekonomie und mer Ordnung verbunden hätte.

Genug von dieser Materie, über welche der nächstbevorstehende ReichsTag vielleicht mer Kenntnisse ins Publicum bringen wird, als die Necker und die Turgots jemalen gehabt haben, und

---

[43] Gabelle= Salzsteuer; Traites=Umsatzsteuer; Accise=Verbrauchssteuer.

der Hr. Syndicus von Münden mit allen seinen Offenbarungen
würde erreichen können.

1789 Aug 20 »Déclaration des Droits de l'Homme & du Citoyen«[44]

12 Déclaration des Droits de l'Homme & du Citoyen, décrétés par l'Assemblée Nationale, dans les séances des 20, 21, 23 & 26 Août 1789, sanctionnés par le Roi. | Gedr[uckt] in PatentForm, zu Paris bei Chereaux, Marchand d'Estampes & Fabricant de Papier peints ... 1790.

Préambule.

Séance du 20 Août 1789.

 Les Représentans du Peuple françois, constitués en Assemblée nationale, considérant que l'ignorance, <86> l'oubli ou le mépris des droits de l'homme sont les seules causes des malheurs publics & de la corruption des Gouvernemens, ont résolu d'exposer, dans une déclaration solennelle, les droits naturels, inaliénables & sacrés de l'homme, àfin que cette déclaration, constamment présente à tous les membres du corps social, leur rappelle sans cesse leurs droits & leurs devoirs, àfin que les actes du pouvoir législatif & ceux du pouvoir exécutif, pouvant être à chaque instant comparés avec le but de toute institution politique, en solent plus respectés; àfin que les réclamations des citoyens, fondées déformais sur les principes simples & incontestables tournent toujours au maintien de la constitution & au bonheur de tous.

 En conséquence, l'Assemblée nationale reconnoit & déclare, en présence & sous les auspices de l'Etre suprême, les droits suivans de l'homme & du citoyen.

---

[44] Fundstelle: (Schlözer, Stats-Anzeigen XVI, 1791, S. 85 ff).

Abbildung 1: Die Menschen- und Bürgerrechte

Article I. Les hommes naissent & demeurent libres & égaux en droits; les distinctions sociales ne peuvent etre fondées que sur l'utilité commune.

Art. II. Le but de toute association politique est la conservation des droits naturels & imprescriptibles de l'homme: ces droits sont la liberté, la propriété, la sureté, & la résistance à l'opression.

Art. III. Le principe de toute souveraineté réside essentiellement dans la nation; nul corps, nul individu ne peut exercer d'autorité qui n'en emane expressément.

Séance du 21 Août.

Art. IV. La liberté consiste à pouvoir faire tout ce qui ne nuit pas à autrui; ainsi l'exercice des <87> droits naturels de chaque homme, n'a de bornes que celles qui assurent aux autres membre de la société, la jouissance de ces mêmes droits; ces bornes ne peuvent être déterminées que par la loi.

Art. V. La loi n'a le droit de défendre que des actions nuisibles à la société. Tout ce qui n'est pas défendu par la loi, ne peut être empeché, & nul ne peut être contraint à faire ce qu'elle n'ordonne pas.

Art. VI. La loi est l'expression de la volonté générale; tous les hommes ont droit de concourir personnellement ou par leur Réprésentans, à sa formation; elle doit être la même pour tous, soit qu'elle protege, soit qu'elle punisse. Tous les citoyens étant égaux à ses yeux, sont également admissibles à toute dignités, places & emplois publics, selon leurs capacités & sans autres distinctions que celles de leurs vertus & de leurs talens.

Art. VII. Nul homme ne peut être accusé, arrêté, ni détenu que dans les cas déterminés par la loi & selon les formes qu'elle a prescrites. Ceux qui sollicitent, expédient, exécutent ou font exécuter des ordres arbitraires, doivent être punis; mais tout citoyen appellé ou falsi en vertu de la loi, doit obéir à l'instant; il se rend coupable par la résistence.

Art. VIII. La loi ne doit établir que des peinés strictement & évidemment nécessaires; & nul ne peut être puni qu'en vertu d'une loi établie & promulguée antérieurement au délit & légalement appliquée.

Art. IX. Tout homme étant présumé innocent, jusqu'à ce qu'il ait été déclaré coupable, s'il est jugé indispensable de l'arrêter, toute rigueur qui ne seroit pas nécessaire pour, s'assurer de sa personne, doit être sévèrement réprimée par la loi.

Séance du 23 Août.

Art. X. Nul ne doit être inquiété pour ses opinions, même religieuses, pourvu que leur manifestation ne trouble pas l'ordre public établi par la loi.

Séance du 21 Août.

Art. XI. La libre communication des pensée & des opinions est un des droits les plus précieux de l'homme. Tout citoyen peut donc parler, écrire, imprimer librement; faut à répondre de l'abus de cette liberté dans les cas déterminés par la loi.

Art. XII. La garantie des droits de l'homme & du citoyen nécessite une force publique: cette force est donc instituée pour l'avantage de tous, & non pour l'utilité particulière de ceux à qui elle est confiée.

Art. XIII. Pour l'entretien de la force publique, & pour les depenses dé l'administration, une contribution commune est indispensable; elle doit être également répartie entre tous les citoyens, en raison de leurs facultés.

Séance du 26 Août.

Art. XIV. Les citoyens ont le droit de constater par eux-mêmes ou par leurs Réprésentans, la necessité de la contribution publique, de la consentir librement, d'en suivre l'emploi, & d'en déterminer la quotité, l'assiette, le recouvrement & la durée.

Art. XV. La société a le droit de demander, compte à tout agent public de son administration.

Art. XVI. Toute société dans laquelle la garantie des droits n'est pas assurée, ni la séparation des pouvoirs déterminée, n'a point de constitution.

Art. XVII. Les propriétés étant un droit inviolable & sacré, nul ne peut en être privé di ce n'est lorsque la necessité publique, légalement constatée, <89> l'exige évidemment, & sous la condition d'une juste & préalable indemnité.

1790 »Das Neueste aus Frankreich«[45]

7 Das Neueste aus Frankreich: am Schlusse des für dieses Königreich so schrecklichen Jares 1789

So[46] ist Frankreich, durch eine plötzliche, alle menschlich Klugheit übersteigende, und den Urhebern selbsten unbegreifliche <50> Revolution, in eine Gränzenlose Ochlokratie[47], mit allen den Umständen und Folgen versunken, die man sich bei einer leichtsinnigen, äußerst inflammablen, und zwischen allen Arten von Extremitäten beständig herumirrenden Nation, vorstellen kann! Die königliche Macht und Ansehen ist gänzlich zu Grunde gerichtet; und man glaubt Louis XVI. hoch zu ehren, wenn man ihn den *premier Delegué de la Nation* nennt. Die Triebfedern der Regirung sind teils gelämt, teils gänzlich zerstört. Die Armee ist entweder mit der *Garde-Françoise* treulos geworden, oder schmiegt sich an die BürgerMiliz an, und spricht mit ihren Officiers im Tone der *égalité imprescriptible des hommes.* Die obersten GerichtsStüle sind geschlossen, und werden, ehe ein Monat vergeht, gänzlich zertrümmert werden. Man hat, um die Geistlichkeit stürzen zu können, die Religion verächtlich gemacht, und wol gar im größten Ernste vorgeschlagen, den öffentlichen Gottesdienst, wo nicht aus philosophischen, wenigstens aus ökonomischen Gründen, abzuschaffen. Der ganz FinanzStat ist über den Haufen geworfen; die Auflagen des laufend Jars sind noch durchgehends rückständig, und niemand hat das Herz, sie einzufodern, weil diejenige, die zalen sollen, bewehrt, und die Einnemer one Waffen sind. Die Handlung liegt aller Orten

---

[45] Fundstelle: (Schlözer, Stats-Anzeigen XIV, 1790, S. 49 ff).

[46] »Mühsam gesammelt, teils aus einer Menge von Pamphlets, die Tausendweise in Paris herumfliegen, von denen aber die wenigsten ernsthaft und lerreich, und noch weniger <u>für</u> den unglücklichen König, sind; teil aus mündlichen Erzälungen respectabler Reisenden. Sorgfältig sind, so viel möglich, selbst die Wort der Verfasser und Erzäler beibehalten worden. – S. «

[47] = Herrschaft des Pöbels.

zu Boden, und der öffentliche und der PrivatCredit sind verschwunden. Die Manufacturen feiern, und die Fabricanten haben sich fast zu gleich Teilen in 3 Klassen abgesondert: einige haben in den sogenannten *atteliers de charité* die GrabSchaufel ergriffen; andre gehen betteln; und die übrigen verdien ihr Brod mit Schildwache stehen. Man sieht täglich der fürchterlichen Zeitung von der Revolte der Negern in unsern Colonien, und der Ermordung aller Weissen, entgegen: denn die Apostel der Freiheit, sind zu Dutzenden nach Amerika abgegangen, und zum Teil auch schon – aufgeknüpft. Die ganze Nation, von Dunkirchen bis Antibes, und von Ouessant bis nach Versoy, <51> ist unter dem Gewer; und der sonst friedsame Bürger sieht jetzo seine Lebens- und VermögensSicherheit in dem Schrecken, den er seinen Nachbarn einzuflößen fähig ist.

Mer wie Einmal fragte ich: „wie in aller Welt konnte eine Versammlung von mer als 1000 StatsBürgern so weit herabsinken, daß sie alle Bande, alle Ressorts der großen französischen Gesellschaft, verstörte?" Und jedesmal antwortete man mir, fast einstimmig, folgendes.

»Nemen Sie ein Dutzend der ruchlosesten Bösewichter an, deren jeder fähig ist, in die Fustapfen Cromwells zu treten; und sehen Sie diese an der Spitze der Versammlung. Vergesellschaften Sie mit ihnen ein 50 Bösewichter von der zwoten Classe, durch welche jene Häupter wirken, und vornämlich M …, der den zügellosen Pöbel von der Vorstadt St. Antoine, die *Agioteurs* vom Palais Royal, und überhaupt die SchwindelKöpfe von der HauptStadt, wie Marionetten bewegt. Neben diesen figuriren ein 200 schwärmerische Oekonomisten und widersinnige Metaphysiker, in deren erstem Gliede der Dupont und der Abbé Sieyes stolz einher treten. Hieher gehören auch die Schüler des Rousseau, des Montesquieu, des Delalme, und des Amerikanischen Congresses; diese sind die HauptActeurs. Hinter ihnen folgen ein par 100 kleinstädtische Advocaten und DorfPfarrer, die so unwissend als möglich, und ganz trunken von der Ehre sind, die größte Monarchie von der Erde zu regiren, und den König, und seine Minister, und die Hrn. *Intendans* und ihre *Subdelegues*, vor welchen sie noch ehegestern zitterten, in den Staub zu legen. — Dieses ist der ACTIVE Teil der NationalVersammlung. Der PASSIVE Teil besteht in etwa 300 Grundehrlichen Leuten, die über das Unglück, so sie stiften helfen, seufzen; aber wachend und träumend den MordDolch, der sie täglich bedroht, und die Patriotische Laterne, im Sinne haben. Die letzten 300 bis 350, sind <52> brave nachdenkende Leute, die sich beredet haben, daß der ganze Despotismus mit allen seinen Werken und Wesen zu Grunde gehen müsse; die wenig oder nichts dazu sagen, wenn kluge oder nützliche Sachen abgehandelt werden; und mit großem Geschrei eine überwiegende Majorität für alle tolle und impracticable Projekte bilden, damit ja das Mas unsers Elendes bald voll werden möge. Die übrigen SpringFedern, so die Maschine in Bewegung setzen, lassen sich noch nicht entdecken; so bekannt sie auch einem aufmerksamen Beobachter sind, der über den Popular-Horizont hinaus sieht.«

So weit meine Erzäler.

Irreligion wirkt notorisch bei der dermaligen Revolution in Frankreich gerade das, was das Extrem derselben, Fanatism bei der Cromwellschen Revolution in England, wirkte. Gleichwol gibt es noch Männer in Frankreich, die sich des, nach einiger Meinung, altfränkischen Gedankens von der *Nemesi divina* [= göttliche Vergeltung], nicht erweren können, wie solche in die Lebens- und RegirungsUmstände Louis des XVI. wirkt, und aller Orten hervorschimmert. Der tugendhafte, der von warer VolksLiebe brennende Monarch, ist jetzo ein Gefangner von ruchlosen Strelitzen und ein Spiel der sogenannten NationalVersammlung. – Aber alle Werkzeuge, alle Urheber seines Unfalls, bis auf die letztern, sind schon elende Schlachtopfer ihrer eignen Bosheit geworden.

1. Die alten Günstlinge Louis des X., welche seit 50 Jaren auf den Stufen des Throns saßen, und sich unter der Regirung des heutigen Königs vernachlässigt sahen, waren die ersten Feinde desselben: sie schlugen sich zu den Parlements; sie warfen sich zu Häuptern der OppositionsPartei in der NationalVersammlung auf, und – sind jetzo, durch diese Versammlung selbst, in den äußersten Abgrund gestürzt, und ihrer EhrenStellen, ihrer

einträglichen Aemter, ihrer Pensionen, ihrer Vorzüge; und ihres Eigentums <53> beraubt.

2. Die hohe Geistlichkeit schlug der königl. Autorität im Jul. 1788 die blutigsten Wunden, und trotzte dem Könige auf einmal die Bestätigung ihrer Immunitäten, und die Versammlung der ReichsStände, ab. Und dieser reiche, mächtige, und bis in den Himmel reichende StatsCörper, ist vom Angesicht der Erde vertilgt!

3. Der hohe Adel, uneingedenk unser allen Grundsatzes, *point de Roy, point de Noblesse*, ließ sich durch die chimärische Hoffnung, eine Venetianische Aristokratie in Frankreich einzufüren, und in den Parlements König und Nation zu despotisiren, in die berufene ZusammenVerschwörung der 4,000 ziehen; und — liegt jetzo zu Boden, zwischen den Ruinen seiner Schlösser, und den Leichnamen seiner ermordeten Mitbrüder, und hat Vorrechte und Einkünfte zugleich verloren. Das Sonderbarste hiebei ist, daß gerade der Adel, der am meisten für die angebliche Freiheit getan hat, am meisten ruinirt ist. Der von Dauphiné, welcher im Jun. 1788 zuerst die Fane des Aufrurs erhob, hat allein an zerstörten Schlössern über 40 Millionen eingebüßt. Der Adel von Bearn und von Niedernavarre, hat sich nach Spanien geflüchtet, und seine Schlösser den Flammen, und sein Vermögen dem PlünderHaufen, überlassen. Der Adel von Franche-Comté ist eben so ser mishandelt, und landsflüchtig. Und Bretagne … Die Parlements, jene einzige und erste Urheber unser Unglücks, sind gänzlich vernichtiget. Versailles, das sich am 24. Jun., 17. Jul., und 5. und 6. Octbr., so geschäftig erwies, ernärt nur noch Bettler; und Paris fült schon den schweren Druck eines rächenden Arms. Der H… von O…, der die HauptStadt, die Armee, das GardeRegiment etc., zum Abfall bewogen, Heere von Räubern besoldet, und 26 Millionen auf diese HeldenTaten verwendet hat, baut das Elend, und ist selbst dem Lande, wohin er sich flüchtete, und dessen Könige, der ihn durch einen Blick versteinerte, ein Abscheu. Die Städte, welche hauptsächlich die Revolution <54> bewirkten, leiden Jammer und Elend, und stehen täglich gegen den Pöbel, den

sie aufgewiegelt haben, im Gewer. Unsre Capitalisten und *Agioteurs*, die so weidlich am 12. und 13. Jul. Feuer geblasen haben, und noch im Eingeweide des Stats wülen, zittern vor der nahen NationalBanqueroute, und sind ein Fluch der Provinzen.

Und noch sind wir nicht am Ende unsrer Wiedergeburt! unsrer göttlichen Revolution!

Ob all dies Sachen bestehen werden, bestehen können? ob nicht, nach altem Gebrauch und Herkommen, unsre Anarchie, entweder in eine gänzliche Zersplitterung der *plus belle Monarchie de l'Univers* oder in einen gesetzlichen Despotismus, übergehen werde? das ließe sich an allen andern Orten leichter und sichrer, als bei uns, voraussehen.

Vielleicht wäre schon eine ContreRevolution erfolgt, wenn die ... Häupter und Urheber von der Ochlokratie, nicht das Geheimnis besäßen, die leichtsinnige und leicht gläubige und aufbrausende Nation, vornämlich die HauptStadt, durch die tollsten Vorspiegelungen in beständiger Unruhe zu erhalten. Zu Limoges, 60 Stunden vom Meere, waren in der Mitte des Decemb. Stadt und Land unter dem Gewer, um eine Landung der Engländer abzuschlagen. – Der letzte Tumult von Toulon war durch die angebliche Erscheinung einer großen Englisch-Holländischen Flotte veranlaßt. – In Paris zogen zu Anfang des Decbr. 50,000 Helden gegen ein HusarenRegiment aus, das sich in die SteinGruben sollte geworfen haben, die unter der Stadt hinlaufen. – Man hat schon etlichemal das SeineWasser chemisch untersucht, weil die Aristokraten den Behälter sollen vergiftet haben. – Und am h[eiligen] ChristVorabend ließ die Parisische Municipalität all KirchenGewölbe durch beeidigte Baumeister untersuchen, weil die leidigen Aristokraten <55> die SchlußSteine davon weggenommen hatten, um die heroische Bürgerschaft in den ChristMetten *collegialiter* zu erschlagen. So lang es Menschen gibt, die dergleichen Gespenster aufstellen, und dumme Jungen, die Glauben daran haben: so lang ist keine Aenderung zu hoffen, und nur das äußerste Elend kan eine wirken. Indessen schnauben bereits die Provinzen über den Uebermut der

HauptStadt; und das SchlußMotto von den *Cris des Provinces* – siehe die folgende Num.8 – dürfte wol zuletzt eine Nationallosung abgeben.

Mein guter König! ... Er ist nur deswegen unglücklich, weil er Misbräuche abschaffen wollte, die bei seinem Volke zur Natur geworden waren. Zweimal stellte er sich, mit bloßer Brust, dem MordDolche entgegen, um einen BürgerKrieg zu verhüten: und jetzo noch, wenn man ihn trösten will, sagt er: *qu'importe! Pourvu qu'ils soiens heureux.* Georg III. hat Thränen über das Schicksal seines königlichen Collegen vergossen ... Rettet die Vorsicht den rechtschaffnen Ludwig XVI.: so sieht die Welt einmal das Beispiel von zwei Königen, die sich lieben, weil sie beide einander hochschätzen.

Und Sie wird ihn retten! – Folgen die Begebenheit ihrem natürlichen Gang: so sieht Louis XVI. bald alle seine Feinde und Widersacher wie einen Rauch vergehen; und das schrecklichste Elend lert die irregefürte und zügellose Nation, daß die Regirungs-Form, welche durch eine Routine von 160 Jaren entstanden war, und one Gesetze, blos durch den wechselseitigen Gang der Geister und der Sachen, bestanden hatte, ihrem Genie und den Bedürfnissen des Königreichs am angemessensten ist. Geschieht dieses, so kan die Regirung des besten Königes noch die glorreichste und die mächtigste werden; die Nation befreit ihn im Tummel der Freiheit von allen wirklichen Feinden seiner Autorität, und erhält dabei selbst die Lection, daß weder metaphysische <56> Narren, noch ökonomische Träumer, noch redselige Advocaten, die Stelle der Kapetinger[48] vertreten können. Aber wie teuer wird ihr nicht diese Lektion zu stehen kommen! und wie manche, wie große Unfälle, wird sie sich noch selbsten zuziehen, ehe sie aufhört zu wirken!

---

[48] Hugo Capet (französisch Hugues Capet; * 940 oder 941; † 24. Oktober 996 bei Chartres) war ein König der Franken von 987 bis 996. Er führte im Westfranken-reich einen Dynastiewechsel herbei; mit ihm beginnen die Kapetinger, die – mit Nebenlinien (Valois, Bourbon, Orleans) – bis 1848 regieren. Im Prozess gegen Ludwig XVI. wird dieser angesprochen als „citoyen Louis Capet".

Aber die selige MittelStrasse, zwischen Beherrschern der großen französischen Nation, entweder auf eine Zeitlang, Metaphysikern, und Oekonomisten, und Advocaten, oder auf Jarhunderte, Kapetingischen Tyrannen, Weichlingen, oder DummKöpfen, oder vielmer deren Ministern oder Pascha's, einer eben beim monarchischen Despotism, scheußlichsten Art von Menschen oder Unmenschen, die one MenschenVerstand, also noch mer, die one die Kenntnisse eines Metaphysikers, eines Oekonomisten, eines Advocaten, zu haben, durch die Fluchwürdige Routine von 160 Jaren ein großes edles Volk in Fesseln hielten, durch das kräfftige Beispiel ihrer Immoralität, eben dieses edle Volk in Grund verdarben, und noch außerdem merere male, gleichsam zum Spaß, 4 ErdTeile in Feuer und Flammen setzte: – diese selige MittelStraße werden wir, wills Gott! finden, wann gleich jetzo noch nicht. Der Britte hatte seinen Jakob I. und Carl den I.: er empörte sich, und das von Rechts wegen; wärend seiner Empörung kam ein Cromwell: dessen müde, warf er sich wiederum blindlings Carl dem II. in die Arme: dennoch wurde er frei unter William, und ist noch bis auf den heutigen Tag der glückliche, freie, Britte!

1790 A.-L.-H. de la Fare, Bischof von Nancy: »Opinion et Réclamations«[49]

3 Opinion et Réclamations de M. l'Evêque de Nancy, Deputé de Lorraine, sur le projet de Décret portant invasion générale & absolue des biens & fonds patrimoniaux des Églises de France, des Ministres de la Réligion & des Pauvres. Seance du Lundi 12 Avril 1790. Gedr[uckt] bei Mequignon, 8, 30 S.

Wäre es möglich, mein zeitliches Interesse von dem Interesse der Kirchen in Frankreich, meiner Kirche insonderheit, und der Religion selbst, zu trennen: so würde ich geschwiegen, würde gutwillig die zeitlichen Güter, die mir angewiesen sind, in den alles verschlingenden Abgrund, der so viele Opfer fodert, devovirt und hinabgestürzt haben. Aber hier ist mein persönlicher und zeitiger Vorteil nur ein Punct: Hier ist von dem daurenden und immerwärenden Interesse unserer Kirchen, und dem davon unzertrennlichen der Religion, die Rede.

Durch eine blose *acte* Ihres – der Nationalversammlung – Willens sind alle geistliche Güter, deren Besitz bei vielen unserer Kirchen älter ist, als selbst das Daseyn der französischen Nation, *à la disposition de la Nation* genommen worden. – One, wie Ihre Schuldigkeit war, die Provinzen befragt zu haben, wo die Nation, welcher Sie durch Ihr Decret vom 2. Nov[ember] die Disposition über unsre Güter zugesprochen hatten, residirt, haben Sie sich ermächtiget, den 19. Dec[ember] den Verkauf von etwa 400 Millionen <17> werthen KirchenGütern zu decretiren. – Plötzlich namen Sie den Provinzen die OberAufsicht über alle Disposition mit den KirchenGütern in ihrem Gebiete weg; – eine *surveillance*, die ihnen von Rechts wegen gebürte, und die Sie selbst decretirt hatten: – gaben sie durch Ihr Decret vom 17. März an die Magistrate –

---

[49] Fundstelle: (Schlözer, Stats-Anzeigen XV, 1790, S. 16 ff).

Municipalités – des Königreichs ab, denen Sie den Verkauf der KirchenGüter, unter dem Schein von *soumission* oder *adjudication à
leur profit*, anvertrauten. – Ihr Decret vom 13. Febr[uar] unter-
drückte, aller unserer Vorstellungen ungeachtet, alle der Kirche so
werthe KlosterStiftungen. – Und noch nach allem dem, ward gestern die Ihnen präsentirte *motion incidente*, gegen alle Regeln angenommen, um Ihren vorigen Schlüssen in der Eile neue *rigeurs*
beizufügen.

Entsinnen Sie sich, meine Herren, wie sie mich den 12.
Febr. durchaus nicht zu Worte kommen ließen, als ich vorschlug,
daß die katholisch-römische Religion feierlich als die Religion des
Stats anerkannt werden sollte, aus dem Grunde, weil solches eine
motion incidente war. Kan nur das eine Ausnahme leiden, was die
Kirchen und ihre Diener angreift?

Ihre ZehendenCommission hat Ihnen, entweder in ihrem
Namen, oder im Namen der geistlichen Commission, von denen
ein großer Teil weder befragt noch prävenirt war, den Entwurf zu
einem Decret vorgelegt, das sich auf Frankreichs Kirchen bezog,
und in fast allen seinen Punkten nicht Statt haben konnte.

Ich werde kein Wort verlieren über das, was den *Ordre spi-
rituel* betrifft. Der Rapport der geistl[ichen] Kommission ist noch
zur Zeit blos angekündigt: ist solcher aber nach den Grundsätzen
gemacht, die Ihnen vorgelegt worden sind; so ist die Incompetenz
der NationalVersammlung bei dergleichen Fragen augenscheinlich.
– Hier schränke ich mich blos auf die Frage ein, die die zeitlichen
Güter der Kirchen im Königreiche betrifft, und auf die Untersuchungen der 4 <18> Artikel des Entwurfes zu einem Decret von der
ZehendenCommission. Eine *motion incidente* geschah darüber:
man verlangte, daß die Versammlung solche sogleich vorneme; man
erfrechte sich sogar zu fodern, daß die Versammlung solche, ihrer
hohen Importanz ungeachtet, noch in eben der Sitzung, und ehe
sie auseinanderginge, decretiren sollte. Erstlich darf ich fragen: warum zwingt man uns, über die Ankündigung eines von der geistl.
Commission nicht beschlossenen Projectes zu deliberiren? Da das
Reglement ausdrücklich, jedem Mitglieder eine *motion incidente*
zu machen, und der Versammlung sie in Deliberation zu nemen,

verbeut: warum hat die vorliegende *motion*, gegen alle Regeln, und
gegen die Protestation eines Teils der Versammlung, eine Ausnahme erhalten, die sie nicht haben sollte? – Ich könnte noch fragen: warum war ein allarmierendes Schreiben des ersten FinanzMi-
nisters über die Lage des öffentlichen Schatzes, unmittelbar vor dieser außerordentlichen *motion* vorausgegangen? – Wer nur ein wenig dem gewönlichen Gange unserer importanten Operationen ge-
folgt ist, kan auf alle diese Fragen antworten. Ich komme aber gera-
dezu zur HauptFrage.

Der **1ste Artikel** des von der ZehendenCommission eingereichten Projectes zu einem Decret, ist so abgefasst:

> *à compter du jour de la publication du pré-*
> *sent Décret, l'administration des biens dé-*
> *clares par le Décret du 2 Nov. dernier, être à*
> *la disposition de la Nation, sera & demeurera*
> *confiée aux Assemblées des Département &*
> *de Districts, ou à leurs directoirs, ainsi*
> *qu'aux Municipalités, sous les régles & les*
> *modifications qui seront expliquées.*

Allen Kirchen also, allen *Bénéficiers*, die doch rechtmäßige
Besitzer sind, soll der Genuss und die Verwaltung ihrer Güter genommen werden? – Ein schrecklicher Vorschlag! Nein, Meine Herren, Sie können, sie dürfen ihn nicht annemen. Eine Versammlung,
die die *déclaration des <19> droits de l'homme & du citoyen*[50] de-
cretiert hat, muss die Gerechtigkeit für Etwas halten: nun aber setzt
sich die Gerechtigkeit jenem *projet d'invasion* förmlich entgegen.
Wer da will, daß die NationalVersammlung den Missbrauch ihrer
Macht so weit treibe, daß sie *par l'acte absolu de Sa volonté* rechtmäßige Besitzer willkürlich plündere: der rät ihr das für eine Nation

---

[50] Deren vollständigen französischen Text siehe oben Seite 46 ff.

entehrendste Verbrechen – den Missbrauch der Gewalt gegen die
Schwäche –, der rät ihr noch außerdem eine Niederträchtigkeit an.

Doch auch blos politische Betrachtungen sollten Sie abhalten. In dem Rapport, den man Ihnen gestern über die Domänen machte, und den Sie applaudirten, sagte man, daß jede *régie*, die durch Compagnien geschiehet, entweder *destructive du produit*, oder *destructive du fonds* wäre. Diese Warheit findet hier ihre völlige Anwendung. Wem soll die Verwaltung der geistlichen Güter anvertraut werden? Den District-Directorien, den Municipalitäten. Die Kunst, Güter zu verwalten, sie zu rechter Zeit zu kaufen, zu verkaufen, ordentlich Buch darüber zu führen, für ihre Reparaturen und Unterhaltung zu sorgen, Prozesse zu füren, – mit einem Wort, alles zu tun, was eine Verwaltung mit sich bringt, ist eine schwere Kunst, die erfarne Leute erfodert, und Leute, die sich ganz allein mit den Details abgeben, die unaufhörlich aus diesem Geschäft erwachsen. Und nun meine Herren, wollten sie so importante Geschäfte Haus-Vätern anvertrauen, die vorzüglich mit ihren eigenen Affairen genug zu tun haben; Leuten, die vielleicht zum allerersten Mal sich mit einer öffentlichen Verwaltung abgeben, die schon mit zu vielen anderen Verwaltungsgeschäften, mit Justiz, Finanz, und Polizei, überladen sind; Leuten, die in diesem ihrem Amte nur zwei Jahre bleiben sollen? Gesetzt auch, Ihre Absichten würden in den Städten vollkommen erreicht: aber wie wird es auf dem Lande gehen? Eine *régie*, die oft beträchtlicher als die der ganzen Gemeinde sein wird, wird <20> in den Händen 3er Municipalbeamten seyn, die keine Caution geben, und vielleicht von solchen Sachen nicht das Geringste verstehen. Wie wenn man sich nun gar einmal in der Wal versieht, und zu solchen *fonctions municipales* gierige und nicht ehrliche Leute nimmt? Und finden dergleichen Leute, oder die Gemeinde selbst, ihren Vorteil dabei, die *titres* des Gutes oder der Pfründe zu unterschlagen: welche Oberaufsicht wird solches hintern oder strafen können? So kan sich keine gescheute Nation betragen! Nicht einmal einem PrivatManne wäre so ein Betragen zu verzeihen. Ich frage diese Herren, die selbst dieses unselige System zu applaudiren scheinen: Wollen sie wol die Verwaltung eines noch so kleinen ihnen gehörigen Gutes so in Gefar setzen? Hüte sich also

die Versammlung vor dergleichen gefärlichen Suggestionen, deren
Wirkung eine unerschöpfliche Quelle von Reue sein wird.

IIter Artikel, Seite 11:

> *Dorénavant, & a partir du 1 Janv. de la pré-*
> *sente année, le traitement de tous les Ecclés-*
> *tiastiques sera payé en argent, aux termes &*
> *sur le pied qui seront fixés.*

Daß das Gesetz auch rückwärts gehen, und schon vom 1.
Jan. an verbinden soll, übergehe ich: dies ist nur eine winzige Ungerechtigkeit gegen die, die selbst das Wesen des Artikels ausmacht.

Die Besoldung aller Geistlichen soll also in Gelde bestimmt, das ist die TerritorialDotation, die in alten Zeiten, den Kirchen, Pfarren, und Armen, selbst unter der Garantie der Nation,
auf ihrer Bescheinigung, und für einen öffentlichen Dienst, gemacht worden, soll eingezogen – beschworene Treu und Glauben
verletzt, die Stiftungen und der ihnen unverletzlich gebürende Respekt vernichtet, mit menschlichen Verträgen soll gespielt, und das
durch Gewalt entrissen werden, wovon man durch die Gerechtigkeit zurückgestoßen würde! ... Das unbändige Recht, eine solche
Revolution im öffentlichen Gottesdienste zu machen, haben <21>
Sie nicht, meine Herren: die Provinzen haben es Ihnen nicht gegeben; diejenige, die mich deputirt hat, hat mir förmlich vorgeschrie-
ben, mich jeder Operation von der Art zu widersetzen. Alle Instructionen kommen ihr zu Hilfe: alle schränken sich dahin ein, daß sie
von Ihnen eine Reform der Misbräuche bei der Repartition der Kirchengüter verlangen; aber hier endigt sich die Ausübung der Macht,
die sie Ihnen einräumen.

Ist nun aber die Dotation der Kirchen mit GrundStücken
ein Misbrauch? Nicht doch: eine Dotation in Gelde wäre einer.
Selbst der Staat ist dabei interessiert, daß die KirchenEinkünfte auf
GrundStücken liegen. Die ReligionsAusgaben sind alljärig und beständig: eben darum muss auch die Kirche, wie alle andere

Proprietäre, die fortschreitende Vermerung des Werthes liegender
Gründe erfaren, damit sie immer ihren Bedürfnissen gewachsen sei.
– Diese Ausgabe muss von dem FinanzSystem, das zufälligerweise
im State angenommen ist, unabhängig seyn: es muss weder den Va-
riationen des öffentlichen Schatzes, noch der Vergeudung der Plün-
derer, ausgesetzt seyn. Man hat Beispiele, daß dergleichen Zahlun-
gen vom State 2, 3, Jahre vorenthalten worden sind: welche Ressourcen hätten alsdann die Altäre, die Armen, und die Religions-
Diener? – Die Pfarrer in den Städten, und noch mer die auf dem
Lande, müssen weit mehr Naturalien als Geld austeilen können. In
bedrängten und teuren Zeiten gibt eine Ausspendung von Lebens-
mitteln, die ein mitleidige Pfarrer zu rechter Zeit macht, den armen
Familien eine Subsistenz, die ihnen oft eine 3 oder 4mal größre
Summe an Geld nicht verschaffen würde. Aus diesen Gründen haben unsere Väter die Kirchen mit liegenden Gütern dotiert; und
hätten sie es nicht getan, so hätte die Erfarung unüberwindlich ge-
lert, daß wir es tun müßten. Das Gegenteil ist eine unüberlegte
Idee, ist den Absichten einer gesunden StatsWirtschaft zuwider,
und müsste unausbleiblich, wiewohl <22> unvermerkt, den öffentlichen Gottesdienst – *culte* – und die Religion im Königreiche zerstören.

IIIter Artikel, Seite 13:

*Les dimes de toutes especes abolies par
l'art[icle] V du Décret du 4 Août dernier &
jours suivans, ensemble les droits & rede-
vances qui en tiennent lieu, mentionnés au-
dit Décret, comme aussi les dimes inféodées
appartenantes aux laïcs, declarées rache-
tables par le même Décret, cesseront toutes
d'être percues à jamais, à compter du 11 Nov.
1791. Et cependant les redevables seront te-
nus de les payer, à qui de droit, exactement,*

> *durant la présente année, comme par le*
> *passé ; à [...]esant de quoi ils y seront con-*
> *traints en la manière accoutumée.*

Vom 1. Nov. 1791 an, sollen also alle KirchenZehenden aufhören? Aber die Commission dachte nicht daran, daß, ehe derselben Unterdrückung entschieden wird, für den Ersatz derselben gesorgt werden muss: Sie hat das Spezial-Decret der Versammlung vergessen, wodurch sich solche verpflichtet hat, eine gerechte und vorläufige Schadloshaltung für die Kirchen, den Unterhalt des Gottesdienstes, die wirklichen Besitzer, die Armen, und den öffentlichen Unterricht, zu bestimmen. Weit davon, dieses vorläufig zu tun, hat die Versammlung durch ihre Decrete vom 2. Nov., 19. Dec., 13. Febr. und 17. März, alle Gründe gehäuft, die jene Bestimmung durchaus notwendig machen: bis dahin würde die absolute Aufhebung des Zehenden ein warer Raub an den Kirchen, und der Anfang zum Untergang der Religion und des öffentlichen Gottesdienstes, seyn.

Ebenso ungerecht und unbegreiflich kömmt mir die Einziehung der an Weltliche veräußerten Zehenden – *dimes inféodées* – vor. Diese sollen auf eine bestimmte Zeit aufhören; und man hat die den rechtmäßigen Besitzern gebürende gerechte und vorläufige Entschädigung noch nicht reguliert! {Da man diesen Artikel der Erklärung der MenschenRechte so leicht vergisst, so scheint man solche nur zum <23> Schein decretirt zu haben.} Wie wenn man nun zur bestimmten Zeit diese heilige Verpflichtung nicht erfüllen könnte: so würde das eine neue Plünderung so vieler unglücklichen Familien sein, die in allen Winkeln des Königreichs, seit Ihren Decrete über die LehensRechte, ins äußerste Elend und zur Verzweiflung gebracht sind. Sie müssen mit mer Gerechtigkeit zu Werke gehen, meine Herren. Wollen Sie den Stat mit der Abverkaufung der intendirten Zehenden belasten: so schaffen Sie solche immer ab; aber nur nicht eher, als bis Sie deren Abkaufung wirklich geleistet haben. Die Zehenden sind *titulo oneroso* erworben, sind nachher in alle *conventions sociales* eingebracht worden: so ein Eigentum müssen sie respektieren.

Der IVte Artikel fodert eine tiefe Untersuchung. Offenbar ist solcher der Zweck, auf den die 3 vorhergegangenen zielten: er ist der Abgrund, dem man entweder der Nation oder der Religion gräbt.

> *Dans l'état des dépenses publiques de chaque année, il sera porté une somme suffisante pour fournir aux frais du culte, à l'entretien des ministres des autels, au soulagement des pauvres, & aux pensions des ecclesiastiques tant séculiers que réguliers de l'un & l'autre sexe, de manière que les biens qui sont à la disposition de la Nation puissent être dégagés de toutes charges & employés par le corps legislatif aux plus grands & aux plus pressans besoins de l'Etat.*

Das wäre also die ganze Theorie des Ihnen eingereichten Projects: durch die geschwindesten und kürzesten Mittel soll die gallicanische Kirche aller ihrer Güter beraubt, und diese Güter sollen, den Capitalisten, den Gläubigern des Stats, nicht sowol verkauft, als cedirt werden! Denn Meine Herren, alle künstlich übertriebenen Hoffnungen ungeachtet, von denen diese Bühne tagtäglich über diesen Gegenstand ertönt, wird sich doch keiner von Ihnen weiß machen lassen, daß der Verkauf der KirchenGüter, bei den unglücklichen Umständen, in denen sich das Königreich befindet, mit einigem <24> Vorteil werde geschehen können. Er wird mit dem traurigsten Abschlag geschehen, 5 proC., vielleicht noch weniger: dann rechne man die Betrügereien, die Insolvenzen, den Verlust der Stats auf den königlichen Effecten, die beim Verkauf angenommen werden; vielleicht geht auch 1/5 *sur la balance des prix d'achats & des produits actuels* verloren. So hätte der Stat, der auf immer die Ausgaben des Gottesdienstes tragen muss, ein reproductives und einer stufenmäßigen und immer wachsenden vermerungsfähiges Mittel, aus den Händen gegeben, um es mit Verlust zu verkaufen, um es in den Schlund des *agiotage* zu werfen.

Und wie wäre es zu ersetzen? Nicht anders, als durch eine järliche Auflage auf die Nation. Diese Auflage, so viele Mühe man sich auch gegeben hat, diese Ressourcen zu übertreiben, und die Ausgaben zu vermindern, soll angeblich 133 Millionen betragen. Wir wollen die Rechnung berichtigen.

Mir dünkt, man hat aus Unachtsamkeit die DomKirchen vergessen: diese Stiftungen hängen wesentlich am *régime* der Kirche; Sie haben kein Recht, solche zu unterdrücken. Dieser einzige Artikel macht wenigstens 7 Millionen.

Ferner, Ihre Commission gibt Ihnen nur Hypothesen vor, aber keine bestimmte Rechnungen. Auch ich habe mir ein Studium, und vielleicht noch mehr als die Commission, aus diesen Sachen gemacht; und ich getraue mir, Ihnen zu versichern, daß sich die Kommission bei der Anzahl der Mönche, Nonnen, und Geistlichen im Königreich, gewaltig geirrt hat – um mer als 15,000 Köpfe, und vielleicht noch darüber. Meine Angabe stützet sich auf Gründe, aber die Commission fürt keine Gründe an. Wieder also 15 Millionen mer.

Ich will nicht von den Schulden aller Art, der Kapitel, der Klöster, der Gemeinden, der Pfründen sprechen, die man notwendig vorher von den Gütern wegnemen muss: dies würde das Product des Verkaufs stark verringern. Denn Ihre Ehrlichkeit wird es doch wol nicht erlauben, <25> daß Sie, einzig und allein durch Ihre Procedur, den Kirchen und ihren Dienern, die Infamie eines Bankeruts auferlegen, den Sie selbst so gerecht verabscheuen.

Alle diese Ausgaben zusammen genommen, werden gewiss die der Nation järlich aufzuerlegende Abgabe, auf wenigstens 160 Millionen treiben. Aber noch ist etwas, daß unsere ganze Sorgfalt verdient, und welches die FinanzSpeculationen Ihrer Commissionen bisher nur berürt haben, – die Sache für die Armen. Man hat diesen Gegenstand oft in der Versammlung aus dem Gesichte verloren; wir Diener des Altars müssen daran erinnern.

Nach der Kirche, und nach dem Kloster, sind die Armen die zweiten *Donatarii* der Güter dieser Stiftungen: diesem Titel zufolge sind sie wesentlich dabei interessiert, daß solche erhalten, oder vorläufig ein *aequivalent* von ihren Revenüen ausgemacht werden. Folglich würden die Unterdrückung des Zehenden one einen gleichen Ersatz, und die GeneralInvasion der Grundstücke der Geistlichkeit, ware Attentate auf das ErbGut der Armen, auf die Hilfsquellen seyn, die ihnen die Menschenliebe der Stifter zubereitet hatte.

Eh, *Messieurs*! wir wollen die armen Bürger nicht narren, die sich vielleicht sinnlos über die zu voreilige Hoffnung freuen, daß sie die Plünderung unserer Kirchen decretirt hören werden. Hören Sie doch einen Augenblick, und urteilen dann! Gesetzt, der Verkauf der geistlichen Güter seine Nation nicht nur nicht so nachteilig, wie er zuverlässig sein wird, sondern sogar vorteilhaft, und verschaffe ihr irgend eine Verringerung in ihren järlichen Abgaben, z. Ex. um 1/5: was würde daraus erfolgen? – Der Arme, one Eigentum, braucht nichts zu bezalen, falls anders Ihre FinanzConstitution gerecht ist. Will er aber die Rechte eines *citoyen actif* haben: so zalt er einen 3fachen Tagelon, folglich drei Livres. 1/5 Verminderung, bringt ihm zwölf Sous <26> ein: nun aber wie viel gewinnen die höhern Classen der Steuerbaren, von der an, die 2 Millionen Renten hat, bis auf die Classe des Armen, der gar nichts hat? Wenn der Zehende die Taxe der gemeinen Contribution ist; so gewinnt die erste Classe, die 200.000 Livres Imposten zahlen müsste, durch die Plünderung der Geistlichkeit 1/5, also 40.000 Livres; und so verhältnismäßig durch alle Klassen der Steuerbaren. Folglich, je reicher ein Bürger ist, desto mer profitiren die KirchenGüter *à sa decharge*. Nun frage ich, wie viel *portions patrimoniales & alimentaires* des Armen würden bei allen diesen Vorteilen, die den Reichen zugute kommen, übrig bleiben? Und wie viel Unrecht, das nicht zu verrechnen ist, würde man ihnen tun?

Offenbar also würde diese Operation ganz und gar zum Nachteil der Armen seyn: er würde dabei Sous gewinnen, unter Thaler verlieren. Auf immer also würde die NationalVersammlung allen Generationen der Armen eine ihnen auf immer, selbst unter der Salvegarde der Nation, und der Garantie des Gesetzes, substituirte Ressource wegnemen, und solche zum Profit der Reichen anwenden.

Weil auf diesen Einwurf vermutlich keine Replique statt hat, und solcher dem Volke die Augen öffnen kan: so antwortet man, man könne in Frankreich, wie in England, die ArmenAuflage einfüren. In England – diesem Lande, man sage auch, was man wolle, der waren und dauerhaften Freiheit; diesem Lande, dessen unermeßlichen Handel eine über alle Maße große Circulation, und folglich eine beständige Tätigkeit im Ackerbau, der Marine, der WeberStülen, den Manufacturen aller Art, unterhält – existirt eine järliche Auflage zum Besten der Arbeit von ungefähr 80 Millionen. Diese Auflage entstand durch die Unterdrückung der Klöster und der kirchlichen und MönchsStiftungen unter der schrecklich despotischen Regierung Heinrichs VIII. Durch diese Unterdrückungen vertrockneten auf dem Lande die Quellen der LocalCirculation, <27> Arbeit, und der Industrie: Elend und Armut kamen an ihre Stelle; man musste die Nation beschatzen, um der Dürftigkeit beizuspringen. Eben dieselben Ursachen werden in Frankreich eben dieselben Wirkungen hervorbringen. Vergleicht man die Volksmenge beider Königreiche, und die ständige Differenz ihrer Prosperität und ihrer Industrie: so muss die ArmenAuflage in Frankreich ungeheuer werden, sobald die Unterdrückung und Beraubung der Kirchen, der Klöster, und der Pfründen, und die Reduction der Pfarrer *en stricte nécessaire*, das platte Land one Ressourcen ließe, die Armen überall in einem fürchterlichen Verhältnis vermerte, und die *nécessite ordinaire des secours* vielleicht zehenfach erhöhete.

Würde nun der Vorteil, der die Nation von ihrer Operation zöge, ein Äquivalent für die drückende Last sein, die daraus entstünde? Das wird keine Seele glauben, selbst die ZehendenCommission nicht, die, wie mir dünkt, die reine und vordem mögliche Revenüs der Geistlichkeit auf mer als 160 Millionen setzt.

Die Abschaffung des Zehenden bringt die Geistlichkeit, angeblich, um 70 Millionen. – Die Unterdrückung der LehenRechte one Entschädigung, bringt sie um wenigstens 12 Millionen. {Man bemerke, daß da die geistlichen Ländereien und *Seigneuries*, überhaupt die ältesten im Königreich sind, solche näher an die

Zeiten der LehnsRegirung gränzten, und aus dem Grunde einen sehr großen Teil ihrer Einkünfte von LehnsRechten hatten.} – Die allgemeine Schuld der alten französischen Geistlichkeit, gehäuft mit den besonderen Schulden ihrer verschiedenen Diöcesen, nemen wenigstens 8 Millionen, und die Schulden der Diöcesen der auswärtigen Geistlichkeit, nehmen etwa 4 Millionen Renten weg. – Die Schulden aller kirchlichen und klösterlichen Stiftungen im Königreiche, werden nach den ersten Untersuchungen, die die Municipalitäten angestellt haben, ganz gewiss 5 bis 6 Millionen Renten verschlingen. – Beim Verkauf <28> der geistl. Güter für ungefähr 400 Millionen, werden wenigstens für 200 Millionen *des valeurs reproductives* vorkommen: dies macht, da man gewiss weiß, daß der Verkauf schlecht ausfallen werde, einen Abzug von ungefähr 30 Millionen. – Die *rentes en contrats sur l'Etat ou sur Particuliers*, die meist in alten Zeiten und auf ser geringe Zinsen constituirt sind, müssen ein Objekt von etwa 15 Millionen seyn. – Alle diese Summen zusammen genommen, machen 125 Millionen. – Folglich bleiben nach diesem Calcül, und selbst nach der Schätzung der ZehendenCommission, der Kirche *en revenues fonciers ou territoriaux* nur etwa 35 Millionen übrig.

Für den Reiz von 35 Millionen also, an *revenues fonciers ou territoriaux*, deren Verkauf, nach gegenwärtigen Umständen, nicht über 800 Millionen einbringen würde, wollte sich die Nation auf immer eine enorme und drückende Last aufladen? Wenn nun aber, welches der Himmel verhüte, die Ausgaben für den öffentlichen Gottesdienst, den Unterhalt der Diener der Altäre, und der Armen, gar nicht, oder zu spät, bezalt würden; so würden die Priester unvermerkt seltener werden, der Gottesdienst würde schlecht abgewartet, die Religion endlich würde aus diesem gewaltigen Königreiche verschwinden, und die Immoralität, die Gottlosigkeit, die Anarchie, sich auf immer feste setzen.

Noch habe ich etwas insbesondre wegen der Provinz Lothringen und Bar zu erinnern. Diese Provinz ist erst seit 1708 mit der Krone Frankreichs vereint, und hat folglich keinen Anteil an Frankreichs alten Schulden. Da sie durch den Wiener Tractat, der zwischen dem Kaiser, und den Königen von Frankreich, Spanien und

Neapel, als HauptInteressenten und Garants, abgeschlossen worden, an die Krone gekommen ist: so kan sie ihre Kirchen nicht der Strenge Ihrer Decrete unterwerfen, und ihre Güter verkauft sehen, um zu Schulden zu begleichen, die sie zum Teil <29> nichts angehen. Der 24de Art[ikel] des Wiener Tractats sagt ausdrücklich:

> *Les fondations ecclesiastiques faites dans la
> Province de Lorraine & Barrois, tant par S.
> A. R. le Duc de Lorraine, que par les Souve-
> rains ses prédécesseurs, seront maintenues
> tant sous la domination du Roi Stanislas*[51]*,
> beau-père de Sa Majeste Tr[es] Chret[ienne],
> qu'apres sa reunion à la Coronne.*

Diese Provinz ist einem waren zu Stande von Verfall – *détresse* – : bares Geld ist daselbst wenig, und das Commerz schmachtet. Was würde das nicht für ein Unglück für sie seyn, wenn ihre KirchenGüter zum Vorteil des Stats verkauft würden? So wie solche jetzo sind, lassen sich die Unkosten des öffentlichen GottesDienstes davon bestreiten: aber würden ihr die genommen, so müsste solche eine järliche und außerordentliche Auflage von 2 bis 3 Mill. ersetzen; so viel kan die Provinz durchaus nicht ertragen: bald würde sie also weder GottesDienst, noch Pfarrer, noch Religion, haben: welche Aussicht für den Lothringer! Wie kan man ihm die projectierte Operation, und die Wegwerfung seiner eigenen Ressourcen für nichts und wieder nichts, vorschlagen?

---

[51] Stanislaus I. Leszczynski (* 20. Oktober 1677 in Lemberg, Polen-Litauen; † 23. Februar 1766 in Lunéville, Herzogtum Lothringen) wurde im Verlauf des Großen Nordischen Krieges 1704–1709 sowie erneut im Machtvakuum des Polnischen Thronfolgekrieges 1733–1736 als König von Polen und Großfürst von Litauen gewähltes Staatsoberhaupt und ab 1736 Titularherrscher von Polen-Litauen. Seine Schwiegervaterschaft mit dem französischen Königshaus brachte ihm schließlich 1737 die Herzogtümer Lothringen und Bar ein, die nach seinem Tode an das Königreich Frankreich fielen.

Doch ich will die Frage wieder nur besonders in ihren großen Beziehungen auf den Staat und die Religion ansehen. Würde die Kirchen ihrer Dotationen beraubt; so wäre es in Frankreich um die Religion unserer Väter und den katholischen Glauben geschehen. Der Staat selbst würde die unmoralischste, die unpolitischste, die unseligste Operation machen.

Nimmermehr können Sie das Vaterland aus der Krise, unter der es seufzt, dadurch herausziehen, daß sie irgend eine von dessen Ressourcen zerstören. Die Güter der Geistlichkeit konnten Ihnen wirklich gerechte und heilsame Ressourcen, solche, die die tödtliche Krise unserer Finanzen abgewandt, und dem StatsKörper Seele, Umlauf, und Leben wiedergegeben hätten, anbieten. Zum Unglück des <30> Stats haben Sie sie verworfen! Es wäre so leicht gewesen, 400 Millionen auf die KirchenGüter, one Invasion, one Ungerechtigkeit, one Plünderung, zu borgen und zu hypotheciren. Alle Glieder der Geistlichkeit wären Ihren Wünschen entgegen gegangen. Der Unordnung in den Finanzen wäre vorgebeugt, die Sicherheit wäre allgemein geworden; one Convulsionen, one Unruhen oder Besorgniß hätte sich die Constitution erhoben ... Wie manche späte und vielleicht irreparable Reue würden Sie sich erspart haben!

Ihnen, Meine Herren, muss es verdrießlich seyn, so erschreckende Warheiten anzuhören; mir ist es noch weit schmerzhafter, sie vortragen zu müssen. Aber wer würde in diesen stürmischen Zeiten die flüchtige Warheit zurückrufen, wenn es nicht die Diener der Altäre täten? Wehe uns, wenn dermalen, wo unaufhörliche Stöße mit größter Heftigkeit die Religion und die Monarchie erschüttern, wir mit ruhigen Augen dem Misgeschicke des Staats zusehen könnten! Warum hatte uns die weise Vorsicht unserer Väter gerufen, mit ihnen in ihren politischen Versammlungen zu sitzen? Geschah es nicht darum, daß wir immer, mitten unter diesen religiösen Männern, die unerschütterlichen Apostel der Warheit, die unerschrockenen Verteidiger des Glaubens, die wachsamen Erhalter der geheiligten Interessen unserer Kirchen, sein sollten? Freilich haben sich die Zeiten geändert, aber unser Beruf ist noch derselbe. Wir wollen uns also mit Mut waffnen, und den zerstörerischen Decreten, zu denen man Sie gegen das unzertrennliche Wol der Religion und des Vaterlandes verleiten will, einen, wenn es Not tut, unüberwindlichen Widerstand entgegensetzen.

Erlauben Sie mir also vorläufig, falls es möglich wäre, daß Sie dieses *projet d'invasion* annehmen, daß

> *ich in den Schos der Nationalversammlung,*
> *im Namen meiner Commitenten, im Namen*
> *bei meiner Diöces, ihrer DomKirche, ihrer*
> *KlosterStiftungen, im Namen ihrer Armen,*
> *in meinem eigenen, und — wie ich nicht*
> *zweifle — im Namen <31> einer sehr großen*
> *Anzal von Mitgliedern dieser Versammlung,*
> *die feierliche Erklärung niederlege, daß wir*
> *auf keine Weise an den Decreten, welche die*
> *Ihnen zur Untersuchung vorgelegte Artikel*
> *consacriren würden, noch an allem, was aus*
> *diesen Decreten erfolgen könnte, teilnehmen,*
> *und in selbige willigen können.*

Noch bitte ich, daß dieser meiner *réclamation* im Protocolle der heutigen Sitzung Erwänung geschehe.

+ A[nne-] L[ouis-] H[enri de La Fare], Evêque de Nancy, Député de Lorraine.

1790 Juni 23 »Lettres patentes du Roi sur un Décret de l'Assemblée nationale qui abolie la Noblesse héréditaire«[52]

11 Lettres patentes du Roi sur un Decret de l'Assemblée nationale qui abolie la NOBLESSE HÉRÉDITAIRE & porte que les titres de Prince, de Duc, de Comte, Marquis, & autres titres semblables, ne seront pris par qui que ce soit, ni donnés à personne. Données à Paris, le 23 Juin 1790[53]

Louis, par la grace de Dieu & par la Loi constitutionelle de l'État, ROI DES FRANÇOIS : à tous ceux qui ces présentes Lettres verront, SALUT. L'Assemblée Nationale a décrété, le 19 de ce mois, & Nous voulons & ordonnons, ce qui suit[54] : <110>

Article I. La Noblesse héréditaire est pour toujours abolie : en consequence, les titres de Prince, de Duc, de Comte, Marquis, Vicomte, Vidame, Baron, Chevalier, Messire, Ecuyer, Noble, & tous autres titres semblables, ne seront pris par qui ce soit, ni donnés à personne.

II. Aucun citoyen ne pourra prendre que le vrai nom de sa famille : personne ne pourra porter ni faire porter des livrées, ni avoir d'armoiries ; l'encens ne sera brulé dans les temples que pour honorer la Divinité, & ne sera offert à qui que ce soit.

---

[52] Fundstelle: (Schlözer, Stats-Anzeigen XV, 1790, S. 109 f).

[53] »Gedr. französisch und deutsch, in Strasburg bei Levrault, auf 6 S. in gr. 4. «

[54] »Die authentische Uebersetzung dieser neuen französ. CanzleiSprache ist – in den Strasburger deutschen Publicationen: „Ludwig, von Gottes Gnaden und durch das ReichsGrundGesetz König der Franzosen; allen denjenigen, welche gegenwärtige Briefe sehen werden, Unsern Gruß. Die NationalVersammlung hat den 19. dieses Monats beschlossen, und Wir wollen und befelen, was folgt." «

III. Les titres de Monseigneur & de Messeigneurs ne seront donnés ni à aucun Corps, ni à aucun individu, ainsi que les titres d'Excellence, d'Altesse, d'Eminence, de Grandeur &c. sans que sous prétexte des Présentes, aucun citoyen puisse se permettre d'attenter aux monuments placés dans les temples, aux chartes, titres & autres renseignements intéressant les familles ou les propriétés, ni aux décorations d'aucun lieux publics ou particuliers, & sans que l'exécution des dispositions relatives aux livrées & aux armes placées sur les voitures, puisse être sulvie ni exigée par qui que ce soit avant le 14 Juillet, pour les Citoyens vivant à Paris, & avant trois mois pour ceux qui habitent la Province.

IV. Ne sont compris dans la disposition des Présentes tous les Etrangers, lesquels pourront conserver en France leurs livrées & leurs armoiries.

Mandons & ordonnons à tous les Tribunaux, Corps administratifs & Municipalités, que les présentes ils fassent transcrire sur leur Ressorts & Départements respectifs, & exécuter comme Loi du Royaume. En foi de quoi Nous avons signé & fait contresigne ces dites présentes, auxquelles nous avons fait apposer le sceau de l'État.

A Paris le 23 jour du mois de Juin, l'an de grace 1790, & de notre regne le XVIIme.

Signé Louis

& plus bas par le Roi La Tour-du-Pin[55]

& scellées du sceau de l'État.

---

[55] Jean-Frédéric, marquis de La Tour du Pin, comte de Gouvernet (* 22. März 1727 in Grenoble; † 28. April 1794 hingerichtet) war ein französischer Offizier und 1790–1791 Kriegsminister.

1790 April 20 Adresse der katholischen Bürger von Nîmes an den König[56]

12 Déliberation des citoyen catholiques de la Ville de Nismes. | Gedr[uckt] auf 16 S. in gr. 8 [mit einer »Adresse au Roi«]

Im J. 1790, Dienstags den 20 Apr., versammelten sich die unterschriebenen katholischen Bürger der Stadt Nismes, in der Kirche *des Pénitents blancs* bemeldter Stadt; nachdem sie vorher den Herren Maire und MunicipalBeamten, zufolge der durch die Decrete der Nat.Versamml. vom 14. Dec. 1789 vorgeschriebenen Form, Nachricht davon gegeben hatten. Es präsidirte hierbei, auf einmütige Ernennung, M. Lapierre, Ritter vom kgl. und militärischen St. LudwigsOrden; ihm assistirte M. Jean-Baptiste-Scipion Chevalier, *Doyen des Notaires* bemeldter Stadt, erwälter Secretär der Versammlung. Und hier ward folgendes erwogen.

Der Friede im Stat und das Glück des Volkes sind einzig und allein auf die Erhaltung der monarchischen Constitution, und der katholischen, apostolischen, und römischen Religion, zu welcher sich alle unterschriebene Bürger zu bekennen das Glück haben, gegründet. – da ihnen ihre glorreiche Titel von Katholiken und Franzosen, die Pflicht auferlegen, ihre Besorgnisse wegen der Gefaren, die die Religion und die Monarchie bedrohen, kund zu geben; so autorisiren solche sie auch, die Mittel anzugeben, welche <112> sie zur Aufrechterhaltung der Religion, und zur Wiederherstellung der königl. Autorität für notwendig erachten. – Allzugroße und allzu plötzliche Unterdrückungen, können weder bei der Weltnoch KlosterGeistlichkeit, gemacht werden, one das Königreich, und besonders diese Gegenden, den fürchterlichsten Unruhen auszusetzen, weil das Volk in der Geistlichkeit und den MönchsOrden

---

[56] Fundstelle: (Schlözer, Stats-Anzeigen XV, 1790, S. 111 ff).

die stärkste Stütze der Religion erblickt. – die Feinde des Gemeinen Besten, des Friedens, und der Ordnung, scheinen, da sie sich alle mögliche Mühe geben, die Nat.Versamml. irre zu füren, den Thron und Altar umstürzen zu wollen, um sich auf deren Trümmern zu erheben. – seit dem Aufenthalt des Königs zu Paris, ist die königl. Autorität schlechterdings vernichtet; und diese *nullité* ist die HauptUrsache alles unsrer UnglücksFälle, und der Anarchie, die im Königreiche herrscht. Dieser Aufenthalt Sr. Maj. zu Paris, dürfte vielleicht, da er gegen die weisesten Operationen der Nat.Versamml. gehässige Eindrücke machen kann, denjenigen zum Beweg-Grund dienen, die, weil sie bei der Fortdauer der alten Misbräuche interessirt sind, künftig die Constitution unter dem Vorwande, daß die Sanction des Königes nicht frei gewesen, angreifen wollten.

Alles dieses anerwogen, haben sich die katholischen Bürger von Nismes einmütig vereiniget, bei dem Könige und der Nat.Versamml. Ansuchung zu tun,

1. daß die katholische, apostolische, und römische Religion, durch ein feierliches Decret, für die Religion des Stats erklärt werde, und daß sie ganz allein *les honneurs du culte public* genieße;

2. daß in der kirchlichen Hierarchie keine Veränderung gemacht, und alle Reformen, die man bei den weltlichen und OrdensCorps für nötig erachten wird, nicht anders als mit Concurrenz der NationalConcilien, den Canonischen Gesetzen der gallicanischen Kirche gemäß, vorgenommen werden;

3. daß die Nat.Versamml. ersucht werden solle, ihre ganze Autorität anzuwenden, damit der <113> König die vollziehende Macht in ihrem ganzen Umfang, ihrem Decret vom 23. Sept. v. J. zufolge *que le pouvoir exécutif suprême résidera exclusivement dans les mains du roi*, wieder erhalte;

4. daß der König alle Decrete, die er seit dem 19. Sept. v. J. sanctionirt hatte, in seiner Weisheit discutire, und sie aufs neue sanctionire, falls er es nötig findet, damit man nicht künftig, unter irgend einem Prätext, die Constitution attaquiren könne.

5. Folgende Herren:

Der Präsident,

Michel	Rat	Hauptmann der Compagnie Num. XXIV	
Vigne	Kaufmann	Hauptmann der Compagnie Num. XXX	
Fulacher	Advocat	Hauptmann der Compagnie Num. XXXVI	
Robin	Kaufmann	Hauptmann der Compagnie Num. XXXVI	
Froment	Advocat	Hauptmann der Compagnie Num. XXXIX	
Velut	Kaufmann	Hauptmann der Compagnie Num. XL	
Ribens	Advocat		
Faure, François	Holzhändler		
Melquion d. ä.	Kaufmann	Hauptmann der Compagnie Num. XXXIV	
Fermel	Buchhändler		

als ernannte Commissarien, sind beauftragt, dem Könige eine Abschrift dieser *Déliberation* präsentiren zu lassen; und eine andre an den Präsidenten der Nat.Versamml. zu adressiren, damit solche darauf Rücksicht zu nehmen belieben, und noch eine dritte an das *Conseil général de la Commune*, von dessen Eifer für die Religion, und von dessen Liebe für unsern

erhabenen König, man von Seiten der *Déliberans* überzeugt ist,
daß das *Conseil* dem Inhalte beitreten werde.

6.   Endlich sind besagte Commissarien autorisirt, gegenwärtige
Déliberation drucken zu lassen, und Exemplarien davon überall, wo es nötig seyn möchte, hinzuverschicken.

Diese *Déliberation* ist, unterzeichnet worden von 3,127
Personen von allen Ständen, worunter sich auch eine große Anzal
von *Légionnaires* befindet. 1,560 andre *personnes illitérées* – die
nicht schreiben können – haben ihren Beitritt bezeugt. <114>

Beim Abgang des Couriers hatten 6,000 *Citoyens actifs* gegenwärtige *Déliberation* unterzeichnet … und eine Menge von *Citoyens actifs* aus den umliegenden Gegenden der Stadt, liefen in
Menge herbei, um ihren Beitritt zu bezeugen.

Adresse au Roi

SIRE. Zu den Füssen des Throns legen Ihre treue Untertanen, die Katholiken von Nismes, ihre Besorgnisse, und das Attest
von ihrem *dévouement* und ihrem Eifer nieder.

Erschrocken über die Gottlosigkeit des Jarhunderts gegen
den Altar und den Thron, und frappirt von der Anarchie, die das
Königreich verwüstet, haben sie geglaubt, daß die Religion die soli-
deste, oder vielmer die einzige *base* jeder Regirung sei: eine erhabene Warheit, die noch keine Gesetzgeber verkannt hat.

Die katholische Religion, diese erhabene Religion, die älter
als die Monarchie ist, scheint ihnen um so viel mer mit ihrer Constitution verbunden zu seyn, weil sie mit *horreur* diejenigen
Grundsätze der Unabhängigkeit verwirft, die zur Verabscheuung
und Abschüttelung jeder Regirung füren; und weil sie im Gegenteil
die Völker Respect für die Gesetze und gehorsam gegen alle *dépo-
sitaires de la puissance publique* lert. Sie schreibt nicht blos vor,
Gotte zu geben, was Gottes ist, sondern auch dem Kaiser zu geben,
was des Kaisers ist. Und die gesunde Politik lert, daß one die Unterwerfung unter die Gesetze, one diesen Respect für die Autorität

keine Freiheit, keine Sicherheit, mer seyn kann; und daß sich ein Pöbel one Zügel, welcher Frechheit mit Freiheit verwechselt, und seine Stärke misbraucht, in die schrecklichste Anarchie stürzt.

Sie haben demnach geglaubt, daß die katholische Religion die stärkste Stütze der Monarchie, dieser väterlichen <115> Regirung sei, die die Tugenden Ewr. Maj. Ihrem Volke so werth gemacht haben. sie haben geglaubt, daß es bei den ungeheuren RegenerationsEntwürfen unpolitisch seyn würde, den einzigen zaum zu zerreissen, der den großen Haufen bändigen könnte, eine Religion aus dem Gesichte zu verlieren, die die Sitten bildet und rein macht, one welche keine Gesellschaft subsistiren kann; und dem Menschen seine Ermunterung bei seinen Arbeiten, seine reinste BewegGründe zur Gedult bei seinem Leiden, seinen einzigen Trost, und seine süßeste Hoffnungen, zu rauben.

Die Völker gehen nicht auf Einmal von der Verehrung zur Verachtung, vom Eifer zur Gleichgültigkeit gegen einerlei Gegenstände, über: eine gerechte Unruhe hat daher Ewr. Maj. getreue Untertanen besorgen lassen, daß allzuheftige Schläge auf die ReligionsAnstalten üble Folgen haben möchten, besonders in einem Lande, wo eine grausame Rückerinnerung Uneinigkeiten erzeugen könnte, die um so viel schrecklicher wären, weil ihre Quelle geheiligt seyn würde. Die Unordnung und die heutige Bewegung, die in Ewr. Maj. Staten herrscht, scheinen nur allzugewiß diese *Scenes d'horreur* vorzubedeuten, von denen die Geschichte das Fluchwürdige Gemälde liefert.

Ihre getreue Untertanen, SIRE, haben es sich nicht ausreden lassen, daß die Irreligion und die *nullité* der vollziehenden Macht, der Grund dieser Unordnung und aller unsrer Uebel sei. Sie haben geglaubt, daß die Religion, und die Tätigkeit der höchsten vollziehenden Macht, sie allein heben könne.

Vergebens wollte man ihnen über Ewr. Maj. Lage einen blauen Dunst vormachen. Das offene Geständnis – *l'épanchement* [=Erguß] –, das Sie von Ihrem Leiden in ihren und Ihrer erhabenen Tochter Schos niedergelegt haben, erlaubt ihnen nicht, daran zu zweifeln, daß solche grausam sind. Ihre Ausdrücke haben in Aller

Herzen wiedergehallt; sie haben gemacht, daß im ganzen weiten
Königreiche bittere <116> Thränen flossen. Das Gefül ihrer eigenen Leiden vergaßen Ihre getreue Untertanen, SIRE, und empfan-
den nur die Ihrigen; oder vielmer Ihr persönliches Leiden ward als
die größte aller öffentlichen Calamitäten angesehen. So innig sind
sie überzeugt, daß das Glück der Völker wesentlich am Glücke und
der Macht des Monarchen hänge.

Von diesen Warheiten durchdrungen, haben sie sich an
den Füssen der Altäre versammelt, und heisse Wünsche für die Wiederherstellung dieser *puissance tutélaire* formirt, die allein die Ordnung wiederbringen, die Religion beschützen, die Freiheit gründen,
Wolstand und Glück zurückrufen, und die Constitution auf unerschütterlichen Gründen befestigen kann.

Geruhen Sie, SIRE, die *Déliberation*, worinn diese Wünsche ausgedrückt sind, mit Güte anzunemen: sie ist nichts als ein
schwaches Zeugnis von der vollkommensten *Soumission*, der
zärtlichsten Liebe, und dem tiefsten Respect, mit dem wir sind,
SIRE, Ewr. Maj. ganz gehorsamste Diener und getreueste Untertanen.

*Les Présidens & Commissaire de l'Assemblée des Catho-
liques de la ville des Nismes.*

1790 Sep 20 Das Rote Buch[57]

23 Über das berüchtigte französische Rote Buch: | von einem geflüchteten Aristokraten[58] | Frankfurt am Main 20. September 1790

---

[57] Fundstelle: (Schlözer, Stats-Anzeigen XV, 1790, S. 198 ff).

[58] »Aristokrate hat dermalen in Frankreich 2 ganz verschiedene Bedeutungen. Es ist 1. ein SchimpfWort, und bedeutet einen, der alles wieder auf den alten Fus, oder in den vorherigen despotischen Wust, hergestellt haben möchte; der einen unumschränkten Monarchen one Stände, Ministers ohne Verantwortlichkeit, gelerte Pfarrer mit 100 Thalern Besoldung, und ungelerte aber adliche Bischöfe mit 100.000 Talern, Domherren, Canonicos, Mönche, declarierte königliche Maitressen etc. etc. etc., noch ferner wie bisher, beibehalten wünscht. – Dass es unter 100.000 Franzosen, die über ihre Revolution denken und sprechen, einen einzigen Aristokraten in der Bedeutung gebe, ist höchst unwahrscheinlich. – Es ist 2. ein EhrenWort, wie man schon daraus sieht, dass es häufig für den Gegensatz von Enragé wörtlich: Wütender gebraucht wird. Dann versteht man diejenige darunter, die die von den letzteren ersonnen Democratie royale für ein HirnGespinste erklären; die glauben, dass ein großes Volk von 26 Millionen, von ganz verschiedenem Charakter und Interesse, one einen Machthabenden König unmöglich vereint bleiben könne; dass ein König, der bei der Gesetzgebung nur ein Votum suspensivum hat, kein für Franzosen tauglicher König sei; dass man den Thron, um den Pöbel folgsam zu erhalten, respectiren, dass man die Majestät nicht lästern, auch nicht von anderen lästern lassen, müsse etc.: mit Einem Worte, die eine RegierungsForm wünschen, die 1. der Brittischen am nächsten kömmt, und so, 2. wie sie der von der Vorsehung für eine solche Regierungsform gebildete Ludwig XVI. den 23. Jun., wie er noch frei war, seinem Volke anbot … Dies sind ihre FundamentalSätze, aus denen natürlich eine Menge anderer fließen, die ihre Partei auszeichnen. So mißbilligen sie, dass man die Gräuel des vorigen Despotismus übertreibt, grobe erweisliche Lügen von demselben verbreitet. So schaudern sie, wenn eisblütige Systematiker nachrechnen, dass nie eine große StatsRevolution so wenig Blut gekostet habe: sie meinen, alle gute Menschen müßten umso viel mehr darüber schaudern, weil sich ja die elenden Opfer der VolksWut der Revolution nicht widersetzt haben; und weil die Durchsetzung einer physiokratischen Hypothese, nicht mit dem Blute eines einzigen Bürgers, eines einzigen Unschuldigen, abgewogen werden könne etc. Eine 3te Bedeutung bemerkt Mounier in seinem Exposé (Mounier, 1789): Il faut avouer que ce mot aristocratie a fait une grande

Die demokratischen Journale und Pamphlets sind die einzigen Quellen aus denen die meisten Ihrer <199> guten Landsleute, ihre Kenntnisse von den schrecklichen Auftritten des 89sten und 90sten Jahres schöpfen, und sodann weiter ausspenden. Wie ist es ihnen da möglich, Warheiten zu erfaren, und Warheiten zu erzälen? Ich bedaure sie und ihre Leser, solange es die Hrn. Zeitungs- und Journalschreiber nur *facta* nachschreiben: aber wenn sie auch schimpfen, und in die Seele der Marats, der Garats, der Merciers, der Prudhommes, der Gorzas etc., die tollsten Erfindungen, die boshaftesten Aufbürdungen, die beleidigendsten Reflexionen, sich eigen machen; da hört die Rolle des rechtschaffenen Referenten auf, und der passionierte Teilnemer an unsrer Verstörung tritt an seine Stelle. Noch weit ärger ist es, wenn eben diese Echos zwar die boshaftesten Calumnien wiederholen, aber das dargebotene GegenGift bei Seite legen, und nach bestem Vermögen unterdrücken. <200>

So geschah es mit dem bekannten, oder wie man es auch wohl in Deutschland betitelt hat, mit dem berüchtigten R o t e n B u c h e. Ich rede nicht von der infamen, zum Teil mit roten Buchstaben gedruckten Scarteque, welchen der höllische Witz gewisser *Gens de lettres* ausgebrütet hat, und davon auch ein Abdruck nach Göttingen gekommen, und in den dasigen ›Anzeigen von gel[ehrten] Sachen‹, Stück 65, recensirt ist. Die Unächtheit dieses Pasquills ist jetzto demonstrirt, durch den von der *Comité des pensions* und dem … Camus veranstalten Abdruck des ächten *Livre Rouge*. Aber auch dieses ActenStück, mit der vorangesetzten beleidigenden und lügenhaften Einleitung, wie ist dies excerpirt, commentirt, und calumniirt worden! Und wie leichte ist man, selbsten in Deutschland, sowie in der Leydner Zeitung, über die Erläuterung des Hrn. Neckers und des Grafen von Montmorin weggewischt! Ich will Ihnen doch einige Nachrichten davon hinschreiben.

Das *Livre Rouge* ist ein Register, worinn alle die Ausgaben eingetragen sind, welche entweder geheim verbleiben sollten, oder die ihrer Natur nach, in die gewönlichen Rechnungen, nach der

---

fortune. Chacun l'applique maintenant à ce qu'il n'aime point, à ce qui choque son amour-propre. – S.«

uralten Form der *Chambre de Comptes* nicht konnten eingetragen werden, oder die den König insbesondere angehen, oder die königl. Familie betreffen. Alle diese Ausgaben sind in dem *Livre Rouge* angezeigt, unter dem *Dato*, da die *Ordonnnance de payement*, oder das Zahlungsmandat, darüber ausgefertigt ist: und das Buch selbst lag beständig im Schreibtisch des Monarchen. Es war also höchst schlecht, daß Camus dieses Register drucken ließ, nachdem er heilig versprochen hatte, es nur durchzusehen. Aber wie will man den Gebrauch charakterisiren, den er davon gemacht hat?

Die ganze Summe der seit dem 10. Maj 1774 hier eingetragenen Ausgaben, beläuft sich auf 228 Mill. Und darunter sind – 11 volle Mill., welche der König und die Königin, wärend 16 Jaren, auf sich selbst verwandt, und <201> meistens auf den Ankauf von Rambouillet und St. Cloud verwandt haben. Der bei weitem allergrößte Artikel besteht aus – 135 Millionen, welche das Departement der auswärtigen Geschäfte, und das Postwesen, gekostet hat. Was hat man nicht in- und außerhalb Frankreichs hierüber gesagt, geschrieben, gedichtet, geschimpft! und siehe da, diese Summe ist weiter nichts, als die gewönliche järliche Ausgabe des *Departements des Affaires étrangeres*, sowie sie in allen *Comptes rendus* angeführt, und ausgeworfen ist; und welche deswegen im *Livre Rouge* figurierte, weil sie ihrer Natur nach, der *Chambre des Comptes* nicht konnte vorgerechnet werden also – *Novum crimen & ad hunc usque diem inauditum*[59]! – Die *Affaires étrangeres* haben in Frankreich innerhalb 16 Jahren 158 Mill. gekostet, – machen das Jar nicht gar 10 Millionen: und davon stehen ein 126 und mer Mill. im berüchtigten *Livre Rouge* – weil sie nirgends anders stehen konnten!

Mit dem übrigen *Corpus delicti* dieses schrecklichen SündenRegisters, sieht es ebenso gefärlich aus. Ich will nicht von den 15 Mill. *Indemnités*, noch von den 29 Mill. für erkaufte *Domaines*, erwänen; auch vom Ankauf von den Prinz-Contyschen ErbGütern für den *Duc de Normandie*, wird sich besser unten schicklicher reden lassen. Ich will nur an die 28 Mill., die die Brüder des Königs

---

[59] Cicero, pro Ligario, 1.

empfangen haben, und die wirklich auf 8 Mill. angestiegene, unter 16 Jare zu verteilenden *Dons, gratifications & pensions*, mit wenigen Worten erläutern.

Also 28 Mill. für die königlichen Brüder! Aber es steht nicht dabei, dass diese Prinzen noch wirklich nicht ihre *apanage* vollkommen erhalten haben, und daß wol ein Drittel noch unausgesetzt ist: auch dieses nicht, dass ihnen für die ganze Privat-MobiliarVerlassenschaft Ludwig XV. und Stanislavs, im J. 1783 noch nichts vergütet war: auch dieses nicht, dass ein großer Teil von jener Summe <202> auf den Ankauf liegender Güter und Herrschaften für die Kinder des Grafen von Artois angewandt sind, wie es sogar aus dem Raport des Hrn. Calonne, der dem *Livre Rouge* einverleibt ist, erhellet.

Hier ist der Ort anzumerken, dass die 3,600,000 L., welche bisher jedem königl. Bruder und seiner Gemalin, für den Unterhalt ihrer *Maison*, ihres HofStats und Dienerschaft, angewiesen waren, nach der französ. StatsEtiquette, mit dem Tode der Kinder diese Prinzen aufhören sollten, weil der Staat nur den *fils* und den *petitfils de France* eine *Maison* unterhält. Folglich hätten die Enkel des Gr[afen] von Artois war von seinen 2 Sönen, so viel ihrer auch dereinsten seyn mögen, auf keine andere Einkünfte, kein anderes Vermögen, als sie *apanage* des Grafen, welche jetzo etwa 700,000 L. betragen mag, zählen können, wenn auch die Nationalversammlung ihre Hand nicht daran gelegt hätte. Also ungefähr für jeden Ast auf 90 bis 100,000 L., und das in einem Lande, wo die *Financiers* und *Fermiers généraux* meistens 2 und 3mal so viele Einkünfte haben. Der König und *Monsieur* suchten dieser unzulänglichen *Apanage* durch Erkaufung verschiedener Herrschaften, zum besten der Herzöge von Angouleme und von Berry zu Hilfe zu kommen; und davon kömmt weit über die Hälfte von den obigen 28 Mill. her. Sollte jemand glauben, dass der Staat genug für die Prinzen tue, wenn er ihnen die 700,000 L. *apanage* auswirft, weil ihm doch wenig daran gelegen ist, ob die Prinzen von Geblüt reich oder arm seien: so bitte ich, das Urteil nur noch eine kleine Weile zurückzuhalten.

Unter den *Dons* stehen die 1,2 Millionen L. der Polignac-schen Familie oben an, und haben das meiste Aufsehen erweckt: aber blos deswegen, weil sie unter die unrechte Rubrike gebracht sind. Sie gehören nicht zu den *Dons*, sondern zu den *Acquisitions* oder *Echanges*, weil sie das Aequivalent oder der KaufPreis von dem bekannten Palazzo Polignac in Rom sind, welches der König mit der darinn <203> befindlichen, durch den Weltberühmten Card[inal] von Polignac zusammengebrachten Statüen und andern Antiken, entweder zur Wonung des königl. Botschafters, oder für die *Ecole françoise* in Rom gekauft hat.

Die lustigsten Commentarien unter allen, verursachte die Pension der Gräfin von Albany. Viele behaupteten, sie sei eine Maitresse von diesem oder jenem Minister gewesen; und es fand sich wol einer, der fragte, ob sie nicht eine Verwandtin des königl. Sopranisten Albanese sei. Nun erstaunten die Herren freilich, da sie vernamen, daß die Comtesse d'Albany nicht mer und nichts weniger als die Gemalin des letztverstorbenen Prätendenten Charles Stuart, und eine geborene Prinzessin von Stolberg, vorstelle. Aber alle die giftigen Reflexionen waren schon vorausgemacht, und dem Pöbel eingeprägt worden, der noch jetzo auf die Maitresseschaft der Gräfin Albany schwört.

Speculirende Leute haben in dem PensionenRegister, und im *Livre Rouge*, und unter den *Acquits de Comptant*, die Summen zusammengerechnet, welche etwan an *pensions* der bloßen Gunst geschenkt, und an anderen Ausgaben nicht nach der strengsten Oekonomie veranstaltet sind, seitdem Louis XVI. den Thron bestiegen hat; und haben befunden, daß sich auf ein Jar in das andere, 10 bis 12 Mill., minder oder mer, zälen lassen. Sollten es 12 seyn, so betragen sie in den 16 Jaren 200 Mill. Wie winseln da unsre StatsEconomisten über die Verschwendung vom Schweiß des armen Volks! Von den Auflagen ganzer Provinzen! Und da diese Klagen dem Pöbel von allen Klassen schmeicheln; so schreit man aller Orten Zeter und Rache darüber; obschon die Untertanen von manchem europäischen großen und kleinen State, sich herzlich gern mit ihrem Souverain dahin abonniren würden, daß er nur den 40sten Teil von den LandesEinkünften – nach hiesigen Ausdruck –

verschleudere. Es möchte aber nachfolgende Reflexion bei der <204> fürchterlichen Verschwendung von 12 Mill. des Jars, einige Beherzigung verdienen.

Bekanntlich[60] ist der König der Franzosen unter allen europäischen Königen der einzige Indigene, und aus einer alten NationalFamilie entsprossen, deren ursprüngliche Besitzungen und StammGüter man genau anzugeben weiß. – Bekanntlich waren die französ. KronGüter, unter den letzten Karolingern so herunter gekommen, daß die ersten Kapetinger einzig und allein von ihrem PrivatEigentum leben, und den Stat unterhalten mußten. Dieses Privateigentum der Kapetinger, das aus der Graffschaft Paris, dem *Duché de France,* so sich bis an die Loire erstreckte, dem *Orleannois,* dem Anjou etc. bestund, und bald darauf mit dem erblichen Herzogtum Burgund vermert ist, wurde zwar nach und nach der Krone einverleibt, so wie eine Menge andrer Güter, die das königl. Haus erheiratete, z. B. Champagne, Languedoc etc.; verblieb aber seiner Natur nach immer ein ErbGut des Kapetingischen Hauses. Heinrich IV. besaß zu der Zeit, da er den Thron bestieg [1594], die weitläufigsten Herrschaften, die ganze Provinzen ausmachten, z. Ex. Bearn, Foix, Perigord, Limousin, Bigorre, Vendome, Armagnac, Albret etc.; einer unzälichen Menge andrer Herrschaften zu geschweigen, die diese unter dem Sully[61] so bekannt <205> gewordene *Domaine de Navarre* und der *Pays-bas* ausmachten. Jedermann, der einige Kenntnis vom alten französ. StatsRecht besitzt, weiß von dem Streite, den Heinrich ganze 15 Jar lang mit dem Parlement von Paris, wegen dem Eigentum dieses weitläuftigen FamilienGuts gehabt hat; da er behauptete, daß nur seine *apanage,* die er von der

---

[60] »Ich fürchte, diese ganze gelerte positiv-publicistische Deduction, werde bei einem Physiokraten wenig wirken. Völker sind kein ErbGut, kein FamilienGut! Man kann ein Stück Erdreich kaufen, erheiraten etc., aber keine Menschen! Henry IV. war Souverain, nicht Besitzer, von Perigord, wie nachher von ganz Frankreich. Den Kapetingern gehörte das Herzogtum Burgund; aber ganz anders, als dem Edelmann sein Gut. S. oben Heft 56, S. 423 folg. – S.«

[61] Maximilian von Béthune, Herzog von Sully (*1560 in Rosny † 1641 in Villebon) war ein hochrangiger französischer Artillerieoffizier, Minister, Staatsmann, Marschall von Frankreich und Freund Heinrichs IV.

Krone empfangen hatte, jetzo, da er selbst die Krone trug, mit derselben wieder vereiniget werden; hingegen alle seine Bourbonsches, Navarrisches, und Albretsches ErbGut, als ein SonderGut in seinen Händen zu seiner eigenen Disposition verbleiben sollten; das Parlement aber auf die Incorporation seiner ganzen Habseligkeit in die Domaine drang. Die *Remontrances* dieses GerichtsHofes, und das *Requisitoire* des *Procureur général* [Jacques de] La Guesle, enthalten eine weitläufigte Entwicklung der Grundsätze, worauf diese Prätension gegründet war.[62] Die unten angefürte Maxime wurde durch das Edit von 1607[63] zu einem GrundGesetze des Stats aufgeworfen, und gilt bis auf den heutigen Tage in der Mase, daß alle liegende Gründe, die der König 10 Jar lang besaß, vom ersten Tag des 11ten Jars aufhörten, sein SonderGut zu seyn, und anfingen zur KronDomaine gezält zu werden.

Nun wollen wir aus dem vorhergehenden ein par Hauptsätze abstrahiren.

1. Ein ansenlicher Teil des Königreichs <206> ist ursprünglich ein PrivatEigentum, ein Stamm- und FamilienGut des Kapetingischen Hauses und des Bourbonschen Hauses gewesen.
2. Die Kapetinger überhaupt, und die Bourbons insonderheit, besaßen dieses StammGüter mit allen Rechten der alten *Pairies*; das heißt, sie genossen nicht nur die LandDomainen und alle *droits domainiaux*, sondern auch die Regalien, und gingen bei Hebung der ReichsAnlage mit der Krone zu gleichen Teilen.
3. Wenn man das Kapetingische Eigentum nur mäßig berechnet; so trüge es heut zu Tag dem Könige, als Kapetingischen Erben, über 50 Mill. ein, und das Bourbonsche stiege übcr 10 Mill. an.
4. Alle diese Einkünfte sind jetzo mit jenen von der Krone vereinigt und vermischt; und die Maxime ist gesetzlich eingefürt, daß der König keine besondre Einkünfte haben dürfe, weil die Einkünfte der Krone seine sind.

---

[62] »Sie laufen hauptsächlich da hinaus, *que nos Rois se consacrants au Public, n'ont rien de distinct & de separé, & que contractants un mariage salut & politique avec la Couronne, ils la dotent de ce qui leur apartient à titre particulier.«*
[63] Nicht identifiziert.

Wie können jetzt billig denkende Menschen, denen obige Umstände bekannt sind, einem Louis XVI., der sie endlich auch kennt, übel nehmen, und bitter vorwerfen, daß er etwan ein 10 bis 12 Mill. järlich nach seinem GutBefinden ausgegeben hat? Wie kann man von einer Verschwendung des NationalSchatzes reden, da der König wenigstens ein Drittel <207> mer an Patrimonial-Einkünften in denselben einschießt, als er für seine eigne Ausgaben von aller Art jemals daraus gehoben hat? Und wie kann man ihm, nach den heutigen Physiokratischen Systemen[64] für einen blosen Stipendiaten, einen besoldeten Diener von der Nation ansehen, da er im genausten Verstande sie selbst besoldet, und sein eignes Vermögen auf sie verwendet?

Jetzt aber lassen sich auch die tiefsinnigen Schlüsse der Nat. Versamml. beurteilen, welche den König directe angehen. Man hat im ›Delolme‹ gelesen, daß die brittische Nation ihrem Monarchen eine järliche Summe unter dem Namen *Liste civile* ausgeworfen hat: und dies wollen wir auch jetzo tun. Vortrefflich! Aber es ist der brittischen Nation auch niemals eingekommen, den 3 Georgen ihre *Liste civile* auf die Einkünfte der KurBraunschweigschen Staten anzuweisen; so wie auch die Polen nicht sinnreich genug gewesen sind, den beiden August's die sächsischen[65] Intraden anzurechnen, oder dem Stanislav August seine Poniatovskische ErbGüter für königl. Oekonomien darzubieten. – Noch viel weniger aber werden die Britten jemalen die KurBraunschweigsche Lande feil bieten, um <208> ihre NationalSchuld durch das Mittelchen zu tilgen. Sie sind aber auch in den FreiheitsIdeen weit hinter uns zurück.

---

[64] »Aber das war gerade die Lere, die Hr. Joseph Matthias Gérard de Rayneval 1736-1812 , im Namen seines Hofs, im J. 1787 in Holland predigte. Und – nicht nach ochlokratischen Grundsätzen, sondern nach den Sätzen des allgemeinen StatsRechts –, ist doch kein wesentlicher Unterscheid zwischen einem Erb-Statthalter von Holland, und einem Erb- oder Walkönige in irgend einem State der Welt. – S.«

[65] »Lassen sich Poniatovskische Erb- oder RitterGüter, mit dem State Sachsen, mit dem State Hannover, vergleichen? Dort ist ein GutsHerr über Privateigentum; hier ein Souverain über Grund und Leute. War Hugues Capet jemals GutsHerr über die Graffschaft Paris, und seine Nachkommen über das Herzogtum Burgund, so wie ein deutscher Edelmann über sein Dorf? – S.«

Die französ. Nation kann unstreitig, durch eine Folge der Revolution, dem Könige die willkürliche Verwaltung und Anwendung der StatsEinkünfte abnemen: aber nur alsdann kann sie es tun, wenn sie die eigentümlichen Einkünfte des Kapetingers Louis-Auguste, von den StasEinkünften des Louis XVI., abgesondert hat. Tut sie dies letztere: so bin ich versichert, daß der König dem Stat zum Besten auf alle *Listes civiles*, oder wie man es jetzo in der Nat.Versamml. heißt, auf alle *Salaires du Pouvoir exécutif*, Verzicht tun, und alsdann erst der ungleich reichste Monarch in Europa seyn würde.

Nun ist aber auch klar, warum der König seinem Bruder, dem *Monsieur*, die Gelder einhändigen ließ, die Er auf den Ankauf der Prinz-Contyschen Herrschaften für den *Duc de Normandie* verwenden wollte: nämlich darum, weil one das der König nicht für seinen Son, sondern für die Krone, gekauft hätte. Man kan jetzo auch urteilen, ob die Camuse recht haben, wenn sie über die Millionen schimpfen, so der König seinem Bruder, dem Grafen von Artois, meistens für Erkaufung liegender Güter, geschenkt hat. Waren es doch lauter Kapetingische Millionen, die ein Kapetinger dem andren gab: gerade so, als wenn etwa Georg III. den Kindern des Herzogs von Gloucester einige Herrschaften aus seinen Hannöverschen Einkünften kaufte. <209>

Diese Warheiten sind gerade nicht jedermanns Sache, und vornämlich jetzo in Frankreich nicht sonderlich gäng und gebe. Aber man darf sie doch deutschen Lesern an die Seele legen, die man jetzo, aus den Merciers, den Prudhommes, und anderen Schreibern dieses Gelichters mit so vielen Declamationen gegen die Oekonomie des Königes, und die Verschwendungen des – gewissen Leuten freilich aus guten Ursachen ser verhaßten Grafen von Artois[66] unterhält. <210>

---

[66] »Die Art, wie Hr. Necker in seinen Observations sur l'Avantpropos du Livre rouge, p. 8, die Schulden des Hrn. Grafen von Artois entschuldigt, ist folgende: „La partie des dépenses du Livre rouge qui fixe le plus l'attention du public, c'est avec raison les secours extraordinaires accordés aux maisons des Princes, frères de Sa Majesté ; sécours considerables aux yeux du Roi lui-même : mais puisque dès mon premier ministère, j'ai constamment résisté à favoriser de pareilles demandes,

Erst wärend meines Hierseins, und wie obiges schon niedergeschrieben war, erhalte ich die merkwürdigen Decrete der Nat.Versamml. über die ReichsDomainen. Sie setzt darinnen fest, daß 1. alles PrivatEigentum *du Roi des François*, welches er in dem Augenblick besitzt, da er den Thron besteigt, zur *Domaine de la Couronne* geschlagen wird, und folglich aufhört, ein SonderGut zu seyn, und 2. daß die Nation das Recht habe, die *Domaine de la Couronne*, woher es auch immer komme, zu veräußern. So ist also durch diese preiswürdige Verordnung, das Eigentum der Kapetinger, und die Erbschaft Heinrichs IV., für die Krone confiscirt, und die ParlementsMaximen von 1607 sind zum Reichsgesetz erhoben: aber nur mit dem winzig kleinen Reservat, daß das Parlement dem Könige die ReichsEinkünfte one Ausname überlies, unsre Solons aber ihm eine Bestallung in Gnaden ausgeworfen haben, die ungefär den dritten Teil von seinen PrivatEinkünften ausmacht. Dafür aber hat er auch die Ehre, *par la Loy constitutionelle de la France, Roi des Francois* zu heißen.

Ich kere zum Roten Buche zurück. In dem vorangesetzten *Avertissement* fürt Camus eine fürchterliche Liste von *Acquits* oder *Ordonnances de Comptant* an, die järlich ausgefertigt worden, die in den geringsten Jaren 82 Mill., in den stärksten 145 Mill. betragen, überhaupt aber zwischen 1779 und 1787 beinahe 860 Mill. ausgemacht haben. Alle diese Ausgaben sah Hr. Camus für

---

puisque ma conduite à cet égard, généralement connue, a écarté de moi une bienveillance qui m'eut été précieuse, il doit m'être permis plus qu'à d'autres de faire observer – que des Princes mis à la tête d'une administration très-étendue à l'âge de 16 ans – que des Princes dont on a reglé la maison sous le feu Roi, d'une manière éclatanate & dispendieuse, & en y attachent un garnd nombre de charges avec tinance, – que des Princes qui ont eu à choisir des Intendans de leurs affaires, à une époque de la vie, où l'on ne connait pas encore les hommes ; – que des Princes enfin élevés dès l'enfance au milieu du luxe d'une grande Monarchie, ont pu trop facilement dépenser chaque année plus que leurs revenus, & que ces dettes accumulées les unes sur les autres pendant un long espace de temps., & grossies de tons les sacrifices auxquels entraîne la nécessité de couvrir un déficit progressif par les ressources onéreuses ; que ces dettes, dis-je, ont pu graduellemenet s'élever extrêmement haut, & qu'une fois contractées, le Roi a du être sensible à la crainte d'exposer ses frères à un désbonneur, & leurs créanciers à une ruine malheureuse." – S.«

Verschwendungen an, und machte einen fürchterlichen Lermen darüber, der noch wirklich durch ganz Frankreich ertönt. Aber siehe da, die 228 Mill. vom Roten Buch stecken alle unter jenen *Ordonnances de Comptant*; werden also 2mal zur Schau aufgestellt. Hernach hat Hr. Necker in seinen *Observas.* über den *Livre rouge* bewiesen, daß die *Ordonnances de Comptant* zu den gewönlichen StatsAusgaben gehören, und in allen *Comptes* <211> *rendus* unter die Rubriken derselben eingetragen sind; daß alle Jar eine eigne Abrechnung darüber gepflogen wird; und daß diese *Ordonnances de Comptant* eine uralte *forme de comptabilité* bei dem französ. FinanzWesen vorstellen. Die Abrechnung der *Ordonn. de Compt.* vom J. 1779 hat Necker seinen *Observat.* ganz beidrucken lassen, auf 114 Seiten. Dies ist die letzte, die abgelegt ist, weil die HauptAbrechnungen bei dem alten FinanzWesen erst nach 8 und 9 Jaren abgelegt werden konnten. Sie werden daraus lernen, daß es mit den *Ordonn. de Compt.* nicht so gefärlich aussah, wie man es hätte gern glauben gemacht, und daß es lauter Anweisungen auf den *Tresor royal* waren, die man zur Erleichterung der Berechnung in diese Form einkleidete, da sie sonsten immer mit *Lettres patentes* hätten begleitet und enregistrirt werden müssen. Sie werden unter andern bemerken, daß weit über 60 Mill. Zinsen für StatsSchulden darunter vorkommen u.s.w.

Noch eine FinanzSchrift, die wol in Deutschland unbekannt bleiben dürfte, ist der *Compte rendu* von 1789, der in einer ganz neuen Gestalt erscheint. Ich bitte Sie, auf den Artikel vom SchuldenWesen Ihre Aufmerksamkeit zur richten, und Hrn. Neckers Anmerkung mit dem Resultate davon zu verbinden, daß man die Masse der StatsSchulden ziemlich genau finden werde, wenn man die *Rentes viagères* mit 10 oder 11 nach ihrer *ancienneté* multiplicirt, die übrigen *Rentes* aber, die *Anticipations*, und alle übrige järliche ZahlungsPosten, die zum SchuldWesen gehören, mit 20 multiplicirt. Hier ist das Resultat:

	Zinse [in Livres]	Kapital [in Livres]

Die *Rentes perpetuelles* belaufen sich auf u. setzen folglich voraus ein Capital von	56,796,924	1,035,878,480
Die *Rentes viagères* sämmtlich zu 11 proC. gerechnet	104,600,000	1,250,600,000
Die *Emprunts Royaux*	44,856,000	1,082,912,053
Die *Charges* nach dem FinanzFus derselben	14,729,000	294,584,600
Die *Indemnités annuelles*	3,170,000	66,000,000
Die *Anticipations*	15,800,000	271,000,000
Das Capital, so d. Stat der Geistlichkeit schuldig war, an Zins u. *remboursement,* für sich	2,500,000	24,000,000
Summa summarum	242,448,924	3,964,975,193
[tatsächliche Summen:]	242,451,924	4,024,975,133]

<212> Erinnern Sie sich, daß dieser *Compte rendu*, aus welchem diese Resultate gezogen sind, der Nat.Versamml. mit allen Belegen übergeben ist; an der Richtigkeit derselben wird also niemand zweifeln.[67]

Eine andre Entdeckung, die sich aus diesem ActenStück ergibt, ist diese, daß das berufene *deficit* von 56 Mill. durch die gelindeste Mittel hätte getilgt werden können, und wol jetzo schon getilgt wäre, wenn die Nat.Versamml. anstatt die Monarchie umzustürzen, ihre Mandate befolgt, und mit dem Könige gemeinschaftlich zu Werke gegangen wäre. Aber jetzo sind die 400 Mill.,

---

[67] »Vergl. mit den ehemaligen Angaben des Hrn. Austrasiers oben, Heft 52, S. 327. Auch der Hr. von Montesquieu, der Referent vom *Comité*, das die StatsSchulden untersucht, hat unlängst – im Jul. – den ganzen Betrag derselben zu 4 Milliards angegeben. – S.«

die man aus dem Verkaufe gewisser geistlichen Güter zu ziehen hofft, kaum hinlänglich, um das neue *deficit* zu decken, das seit dem 15. Jul. [1789] entstanden ist.[68]

---

[68] »Vergl. oben S. 120. Die Nat.Versamml. kostet täglich 30,000 L.: Journ. politique national, T. II, p.77. – S.«

1790 »Patriotischer Bericht«[69]

24 Patriotischer Bericht von dem Departement der Mosel, an die Einwohner auf dem Lande.[70] | Aus dem Französischen ins Deutsche übersetzt. | Saardillingen, gedr[uckt] und zu haben bei Jacob Leistenschneider, 1790, 8 [=Octav], 16 Seiten.

Dem Gesetze und dem Könige getreu zu seyn; auch verheiße ich mich, die von der NationalVersammlung verordnete und angenommene ReichsGesetze, mit aller mir möglichen Gewalt zu verteidigen.

Meine beste Mitbürger, meine Brüder, freuet Euch! Eine glückliche Veränderung ist in unserem Vaterlande erstanden: ja sie ist desto glücklicher, und soll euer bisher unter der Last eines schweren Joches klopfendes Herz, um so viel mer mit Freuden erfüllen, da sie euch und eure Nachkommen, aus dem Grabe der Dienstbarkeit, in den edlen und angenemen Schos der Freiheit versetzt.

Vor der ZusammenRufung der *États généraux*, welche eigentlich die NationalVersammlung ausmachen, wurdet ihr, bei der mindesten durch einen Großen gegen euch eingewandten Klage, den Liebkosungen eurer Kinder entrissen, und in der Dunkelheit eines Kerkers vergraben. Euer Eigentum wurde eben so wenig geachtet: Die Belästigungen, mit denen man es belegte, waren willkürlich. Zwar die Auflagen waren bestimmt: aber die NebenSchatzungen wechselten nach dem Willen der StatsRäte, und das so, daß sie die HauptSchatzung weit überstiegen. So, nach seinem Belieben,

---

[69] Fundstelle: (Schlözer, Stats-Anzeigen XV, 1790, S. 213 ff).

[70] »"Wie ist es möglich, daß, wenigstens noch zur Zeit, das gemeine Volk in Frankreich fast allgemein der Nat.Versammlung und ihren Schlüssen schwärmerisch ergeben ist?" Diese Frage hört man von Tausenden in Deutschland: und diese Frage beantwortet obiger patriotischer Bericht. – Das schlechte Deutsch ist hier hin und wieder verbessert worden. – S.«

die Auflagen auf euer Eigentum <214> vergrößern, heißt das nicht, es in Verwaltung nehmen? Diese, meine Brüder, ist noch nicht alles. Gefiel es einem gewesenen Herrn, einen Weg zu haben, der nach seinem Schloß füre; dann erhielt er alsbald, unter dem Vorwand des allgemeinen Nutzens, daß man sich eures Eigentums zum teil bemächtigte: und nicht nur bot man euch keine Entschädigung an, sondern man hielt euch für ser glücklich, wenn man euch nicht nötigte, diese durch euren Schweiß fruchtbar gewordene Felder, die euch das Nötige zur Erhaltung eurer Kinder einbrachten, selbst mit Steinen zu bedecken.

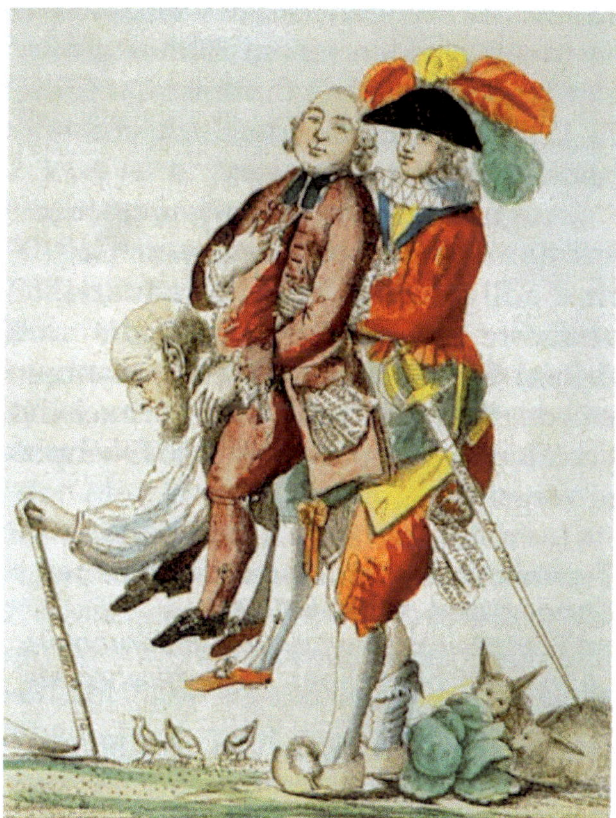

Abbildung 2: Die Plagen des Bauern

Ihr bautet eure Felder; ihr besäetet selbige mit einem Samen, den ihr vielleicht auf die zu eurer Narung nötigen Früchte ersparen mußtet: und kaum war dieser Same der Erde zum Fruchten anvertraut, so kamen eine unzäliche Menge Tauben geflogen, um jenes euch und euren Kindern entzogene Brod, mit jenem, das ihr zur Belonung eures so bittern Schweißes von der Hand des Allmächtigen zu erwarten hattet, unter euren Augen zugleich zu verschlingen. Was zur Zeit der Sat, der Gefräßigkeit dieser so schädlichen Geschöpfe entging, war vor der Zeitigung der Erndte vom Wild verwüstet, dessen ihr scheuen mußtet, oder von Hunden, die Jägern nachfolgten, welche eurer so gegründeten Klagen spotteten, und solche nur mit den empfindlichsten Beschimpfungen zu beantworten wußten. Zur ErndteZeit kamen die nämlichen Tiere, die sich stets mit dem eingesäeten Samen genäret hatten, um eure Hoffnung zu vermindern; und mästeten sich endlich, zu eurem Schaden, für den Tisch und zum Nutzen des Reichen. So hattet ihr, neben jenen Plagen, die euch der Himmel auf eure Felder schicken konnte, mitten unter euch eine wirkliche Plage, deren Folgen ihr nicht abwenden durftet, one einer schimpflichen Bestrafung, dem Verlust eurer Freiheit, oder gar dem Tode[71], ausgesetzt zu seyn.
<215>

Die Gewonheit, unterdrückt zu seyn, erlaubte euch vielleicht nicht, die unerhörte Auflage des Zehenden zu erwegen. Sie benam euch mer, als 1/5 dessen, was eure Felder hervorbrachten, weil dieser Zehende, weder die Kosten des FeldBaus, noch die der Einsat, noch die Abgaben, die ihr järlich abtragen mußtet, zu ertragen hatte. Der Zehende war eigentlich zur Erbauung und zum Unterhalt der Kirchen, zum Gottesdienst, zur Besoldung der Selenhirten und Vicarien, wie auch zur Labung der Armen, bestimmt, dennoch sind viele Dorfschaften, die keine Kirchen haben, und deren Einwoner auf eine Stunde Wegs zu gehen haben, um dem

---

[71] »Die Gesetze bestrafen zwar nicht die JagdVerbrechen mit einer leiblichen oder infamirenden Strafe: man hat aber Herren gesehen, die so unmenschlich waren, daß sie ihren Jägern den Befel gaben, auf diejenige zu feuern, die den Tauben oder dem Wilde nachstellten… So mußte dann der Tod eines Menschen den Tod eines schädlichen Tieres rächen!«

Gottesdienste beizuwonen, und die gleichwol den Zehenden geben müssen. Schwer wußten euch die ZehendHerren mit der Erbauung und Unterhaltung der Vorbäue eurer Kirchen zu belästigen: und waren sie noch nicht ganz von den Kosten frei, die das Chor und der KirchenSchmuck erfoderte; so taten doch die meresten unter ihnen diese ihre Schuldigkeit mit der verächtlichsten Sparsamkeit; und rüsteten dafür ihre Wonungen mit einer weit größeren Pracht, als selbst die Wonungen ihres Gottes, aus. Habt ihr nicht öfters eben diese ZehendHerren untereinander fechten gesehen, wer von ihnen sich der Bezalung des den Pfarrern und Vicarien bestimmten, und durch seine Geringheit verächtlich gewordenen Gehaltes, entziehen könnte? Habt ihr nicht öfters SelSorger und besonders Vicarien, in einem so dürftigen Stande gesehen, daß sie die Not zwang, in ihren Pfarreien so zu sagen nach Almosen herum zu laufen, und diejenige Abgabe, die sie unter dem Namen KirchenRecht oder Casual – Accidenzien – erhoben, als ein zu ihrem <216> Unterhalt unvermeidlich nötiges Mittel anzusehen? Weiter, der Zehende ist der Tröstung und Labung der Armen gewidmet: dennoch hatten die um euch herum seufzende, und unter der grausamen last des Hungers schmachtende Armen, nicht nur keine Hilfe; sondern wärender Zeit, da die meisten KlosterGeistlichen, DomHerren und dergl., im Überflusse schwammen, sind euch die BettelMönche durch ihre beständige und endlich überlästig gewordene Besuche, zu einer neuen Beschatzung geworden.

Die Auflage auf das Salz war unerhört; und da der so starke Verbrauch von Holz, den die in unsrer Provinz errichten SalzWerke verursachen, den Preis der Feurung verdoppelte, so ist dieser so merkliche Unterschied des HolzPreises, dem SalzPreise noch beizusetzen. Dennoch bezalte man das Salz in den Städten 4mal über seinem Wert; und die Einwohner auf dem Lande kauften es in einem noch höheren Preise.

Die den Geistlichen, Adlichen, Kriegsleuten, der *Ferme*, anhängende, und andre, wol mit EhrenTiteln, aber mit keinem nötigen Amte versehenden Leuten erteilte [Steuer-]Freiheiten, verurachten, daß ihr, ihr guten Leute, den größten Teil der StatsLasten zu ertragen hattet; und der Arme mußte mer beibringen, als der

Reiche. Wäre nur noch dieses mit eurem Blute gefärbte Einkommen des Reichs wol angewandt worden! Aber leider! Es diente nur zur Berreicherung jener füllosen StatsRäte, die es euch entrissen. Und was mer ist, wenn der allgemeine Unwillen der gedrückten Untertanen den Monarchen nötigte, diesen treulosen Nachfolger zu geben: dann wurden sie noch mit ser beträchtlichen Gehalten beschebkt, zweifelsone um sie zu entschädigen, daß sie gezwunegn worden, dem Laufe ihrer Plünderungen Einhalt zu tun.

In dieser Provinz waren zwar die Einwoner auf dem Lande, solchen schändlichen Dienstbarkeiten nicht unterworfen, die den, der sie erzwingt, weit mer verunehren, als <217> die, so sie erdulten. Aber, aber, meine Brüder, ihr hattet verdrießliche ZwangRechte und Frondienst zu ertragen, die euch euren nützlichen Beschäftigungen entrissen: ihr waret verpflichtet, die unzälbaren Herden eurer gewesenen Herren auf euren Wiesen zu ernären; und 1/5 euer Gemeinden war ihnen eigen geworden.

Wenn Zwistigkeiten unter euch entstanden, so fanden sich alsbald eben so hungrige als unwissende Leute von der Feder, die euch durch ihren treulosen rat in beträchtliche und öfters schändliche Processe hineinfürten. Sie versprachen euch den besten Ausschlag, sie schmeichelten eurem Hass, und unterhielten euch in euren falschen Einbildungen, weil ihnen solche einträglich waren. Und so verursachten diese gefärliche Leute des Verderben vieler guten und schönen Familien.

Dies ist, meine besten Mitbürger, das Joch, unter dessen Last ihr geseufzet hattet: die NationalVersammlung hat es zernichtet; und hier ist das Gute, das ihr genießen werdet.

Die weisesten Gesetze befestigen eure jüngst erstandne **Freiheit**[72] auf immer. Eure Rechte wird man nicht mer verkennen; dem Eigensinn des Großen werdet ihr nicht mer gehorchen müssen; dem Gesetze allein seid ihr untertan.

---

[72] Hervorhebungen vom Bearbeiter.

Eures Eigentums wird man schonen: die Verwüstungen des Wildes, so wie der Jäger, werdet ihr nicht mer zu befürchten haben; und die wilden Tiere, die herlaufen, um eure Felder zu beschädigen, werden daselbst, statt ihrer narung, den Tod finden.

Der **Zehende** ist aufgehoben. Die Auflage, die zu dessen Ersatz folgen wird, um die zum Gottesdienste nötige Kosten, beizubringen, wird euch nicht so beschweren {oben, S. 179, Z.9}. das Einkommen dieser Auflage wird unter eure SelenHirten mit Gerechtigkeit verteilt werden; ihr werdet keinen derselben mer im Schos der Armut schmachten <218> sehen, derweil andre Geistliche, one Amt, one Sorge, ihre Tage mit Müßiggehen und im Überfluß verkürzen. Diese eure Selsorger, die den zehenden auf euren Feldern einzogen, werden keinen zeitlichen Nutzen mer mit euch zu entscheiden haben: ihr werdet sie alsdann desto mer schätzen und lieben. Allein mit den Pflichten ihres Amtes beschäftiget, werden sie eure Räte, die Richter bei euren Uneinigkeiten, eure Tröster, eure Freunde, eure Väter seyn: sie werden Anteil an eurem Vertrauen haben, und euch zur zärtlichsten Liebe für die Religion bewegen. – von dem Unterhalt eurer Kirchen seid ihr befreit. Das HirtenAmt wird nicht mer durch den von ihm unter dem Namen *Casuel* bestimmten Lon entheiliget werden. Das reich wird eure Armen trösten, und sie aus ihrer Not retten: auch wird es dem Greise und dem Gebrechlichen eine sichre Zuflucht seyn. Man wird euch ebenfalls von der Menge jener armen Geistlichen entledigen, die euch zum Mitleiden zu bewegen kamen, und auch im Namen Gottes die unentberlichsten Sachen entrissen.

Das **Salz**, dieses so nötige und gemeine LebensMittel, werdet ihr nicht mer über seinen Wert laufen müssen; und die Geringigkeit seines Preises wird euch erlauben, eurem Vieh davon zu geben, welches in diesem Gebrauche die heilsamsten PräservirMittel haben wird.

Es gibt keine Befreite mer, die auf euch allen die Last der **Auflagen** werden zurückfallen lassen; jeder Einwoner wird, nach seinem Vermögen und Gewerbe, an den StatsLasten Anteil nehmen müssen.

Und welch eine Ueberlast hätten euch diese Befreiungen nicht in gegenwärtigem Augenblick zugezogen? Die **Schulden**, womit die Untreue der StatsRäte die Nation beladen hat, sind zum Erstaunen. Eine Banqueroute entehret jedermann; und eben so würde sich ein Stat, der eine Banqueroute machen wollte, mit Schande bedecken. Um die Schulden des Reichs zu tilgen, muß dessen Einkommen vermert werden; und wäre diese Vermerung auf euch allein geschoben <219> worden, so würden die Auflagen euer Vermögen weit überstiegen haben. immer müssen Auflagen seyn, weil das reich immer Kosten hat; denn um euch zu schützen, und euch beim Anfall eurer Feinde zu verteidigen, ist es unvermeidlich, eine Armee zu unterhalten: aber an dem Rechte, diese nötigen Auflagen zu bestimmen, und ihre Einteilung zu machen, werdet ihr Teil nehmen. Diese Frucht eurer Arbeit wird man mit Weisheit, mit Sorgfalt, anwenden; und ihr selbst werdet den Gebrauch davon warnemen.

Die **ZwangRechte** und **HandFronen** sind aufgehoben: ihr werdet alle Vorteile, allen Nutzen eurer Gemeinden genießen, wenn euch deren Besitz nicht vor dem durch die Nat.Versamml. bestimmten Zeitpunct benommen worden. Allein, meine beste Mitbürger, welche auch eure Foderungen seyn mögen, hütet euch, euch als Richter in eurer eignen Sache darstellen zu wollen. Wendet euch, um eure Rechte zu erhalten, an das Gericht, welches euch benannt werden wird; und erinnert euch besonders, daß die erste Pflicht eines freien menschen sei, die Pflicht, dem Gesetze zu gehorchen.

Die **Gerechtigkeit** wird schleunig, mit wenigen Kosten, und leicht zu erhalten seyn. Den gewesenen Herren ist das Recht, eure Händel zu schlichten, benommen. Den Bedrückungen eines HofGerichtes, das mit Vorsatz Processe unter euch entstehen machte, und solche so lang unterhielt, bis es sich mit dem, was ihr besaßet, bereichert hatte, seid ihr entzogen.

Jeder Einwoner ist dem andern **gleich**; er kann sich, nach der Größe seines Verdienstes, um alle Civil-, geistliche, und militärische Aemter bewerben. Dieser zwischen euch, und einer hochmütigen Classe privilegirter Leute, gewesene Unterscheid, ist verschwunden: diese nämliche Leute, die euch für Sklaven ansahen, können euch nicht mer mit Verachtung zurückstoßen, wenn ihr nach jenen Aemtern, die sie sich zugeignet hatten streben werdet. <220>

Ihr guten Väter! Ruft eure Kinder um euch herum, und kündigt ihnen die schätzbaren Rechte an, die sie wirklich wieder erhalten. Sagt ihnen, daß die Fesseln, worinn Ihr und sie geboren sind, worinn Ihr und sie die bittersten Tage zu ertragen hatten, worinn nicht Ihr, sondern andre Füllose, den von eurem erblichnen Haupte herabfließenden Schweiße genossen ... ja, saget ihnen, daß diese Fesseln auf immer zerbrochen sind. – Ihr Väter, Ihr Kinder, Ihr Greise, Ihr Krüppel, Ihr Arme, Ihr Mitbürger alle insgesammt, welch ein angenemer Tag ist euch aufgegangen! Ihr seid alle frei, Ihr seid alle glücklich! Kein Großer mer kann Euch unterdrücken. Ihr seid Ihnen gleich; das Gesetz allein ist über Euch.

Nun also, meine beste Brüder, erfüllt euer jetzt von aller Bitterkeit befreites Herz mit nichts, als mit Freude und Liebe gegen euer Vaterland. Schützet, liebet, verteidiget bis auf den letzten Tropfen eures Bluts, jene weise Gesetze, die euch eurer vorigen Dunkelheit entrissen, und das Glück, das ihr in der Zukunft genießen werdet, zu Stande gebracht haben. aber an euren vorigen Unterdrückern rächet euch nicht anders, als durch eure Tugenden, und so, daß ihr euch würdig zeiget, die EhrenBan, die sie euch verschlossen hatten, vor ihnen durchgehen zu können.

Dieses Gut, das euch, meine beste Mitbürger, bereitet ist, habt ihr der NationalVersammlung zu verdanken. Diese eure Abgeordnete zeigten sich in der Tat würdig, die Verteidiger eurer Rechte zu seyn. Nichts hat ihre Eifer erschüttern können: um euch der Unterdrückung zu entreissen, haben sie dem Kerker, der Verbannung, dem Tode selbst getrotzt. Und welche Belonung erwarten eure treue Verteidiger! Keine, als euer Glück. Wir werden sie wieder als gemeine Bürger um uns herum kommen sehen; der Anblick der allgemeinen Glückseligkeit, deren Urheber sie sind, wird ihnen die schmeichelhafteste Belonung seyn. <221>

Diejenige, die bei der Aufhebung so vieler Misbräuche verlieren, werden sich sicher ärgern; sie wollen alles mögliche probiren, um euch zu ängstigen, zu bekriegen, zu verfüren. Allein haltet euch an die weisen herausgekommenen Gesetze, die euer Glück befestigen, und dauerhaft machen sollen: verteidiget solche mit aller euch mögliche Gewalt: ihr habt euch ja, auf dem Altar des Vaterlands, mit einem feierlichen Eide, in Gegenwart eurer Freunde und Brüder, die euren Schwur lobten, und ihn mit dem ihrigen bekräftig(s)ten, dazu verpflichtet. Laßt uns nur unsrem Versprechen getreu – laßt uns einig bleiben! Was werden alsdann, wider eine Vereinigung von 24 Millionen Einwoner, einige eigennützige Menschen wirken können, die, um ihre PrivatVorteile zu verwaren, das Unglück derer, die um sie sind, verewigen möchten?

Besonders seid in diesem Augenblicke auf eurer Hut, da ihr diejenige, die die Districte und Departements ausmachen sollen, bestimmen werdet. Diese Wal ist für euch von der größten Wichtigkeit: – durch diese Districte und Departements sind alle willkürliche Verwaltungen, über die ihr euch zu beklagen hattet, aufgehoben. Sie werden die Auflagen einteilen, und besorgt seyn, daß euch Gerechtigkeit gestattet werde. Nur vertraut eure Vorteile blos solchen Leuten an, die von bekannter Ehrlichkeit, und den ReichsGesetzen ergeben sind. – um euren Beifall zu erhalten, werden sie eure Feinde zwingen, Empfindungen zu heucheln, die sie wirklich nicht haben. hütet euch vor solchen FallStricken; und wälet nur solche, die sich stets, so wol vor als nach der in eurem Vaterlandes erstandenen Veränderung, als Freunde des Volks, als Beschützer seiner Rechte, gezeigt haben. – Gehet auch in diesem so wichtigen Werke, den Verbindungen des Geblüte und der Freundschaft nicht allein nach; laßt euch auch nicht durch List und Eigennutz verleiten: betrachtet blos das allgemeine Beste. <222>

Ehedem vergab die Gunst der Großen die Aemter, und nur zu oft ward das Verdienst ausgeschlossen. Jetzo aber, meine Brüder, steht es jedem Einwoner zu, diejenigen zu wälen, die Anteil an der Regierung haben sollen. Neme nun der Tugendhafte seine Rechte wieder! Freue sich die Nat.Versamml. ihrer Arbeit! Freue sich der König, gerecht und guttätig gewesen zu seyn!

1790 Sep 31 Bauern und Arbeiter aus dem Département Vienne[73]

43 Arrêté des Laboureurs & Ouvriers de différentes paroisses, Département de la Vienne.[74]

Nous Laboureurs & Ouvriers des paroisses de Pevron-St. Martin-Ears[?], Geneay, Asson & environs, assemblés à la foire de Château-Garnier[75],

considérant que l'égalité naturelle a été décrétée par Dieu des la création du monde ; considérant que cette égalité chrêtienne fait xémir & pleurer continuellement nos prétendus Marquis sans Marquisats &c,

avons arrêté unanimement que par charité & pour consoler nos prétendus Comtes, nous allons prendre le nom de Comtes, Marquis & Barons, espérant par la guérir les maux d'esprit de tant de têtes chimériques &c.

Comme l'opinion est le plus grand gouvernail des états, nous supplions, conjurons, avec instance notre auguste Assemblée de décréter qu'il sera libre à tous François quelconques de prendre le nom de Marquis, Comtes & barons, espérant que cette source d'erreur, d'illusion, de chimère & de chagrin, étant détruite par une liberté générale, les ci-devant Nobles se croiront au moins avoir un peu de sens commun.

Fait à Château-Garnier, ce 31 Septembre, jour de foire.

Signée, Rochebrun, L. d'Arlos, P. Tairier, J. Loustel, & 200 soussignés, baptisants leurs voisins de nom des Marquis, Comtes & Barons &c.

---

[73] Fundstelle: (Schlözer, Stats-Anzeigen XV, 1790, S. 355 f)

[74] Aus: Le Point du Jour ou Résultat de ce qui s'est passe la veille à l'Ass. Nat., No. 492, 15 Novembre 1790.

[75] Château-Garnier ist eine französische Gemeinde mit 616 Einwohnern (Stand: 1. Januar 2016) im Département Vienne; die anderen Orte konnten nicht nachgewiesen werden.

1790 »Intérêt & Cris des Provinces«[76]

8 Intérêt & Cris des Provinces. Gedruckt auf 8 Octav-Seiten.

Bürger der Provinzen, sind wir freie Leute? oder sind wir Sklaven, die sich durch die MörselKeule der HaupStadt <57> zerstoßen lassen sollen? Sind wir noch Franzosen, die bei dem lange geliebten Bilde eines Königes etwas fülen? oder wollen wir durch ein Corps Demokraten, durch elendes PöbelVolk, das nur Stärke zum Gesetz, nur Unordnung zum Mittel, nur Raub zum Zwecke hat, regirt wird?

Mer wie die HauptStadt, verabscheuen wir das Verderbnis des Hofs, die Plünderungen bei den Finanzen, die Verirrungen der höchsten Macht; und weniger wie sie, haben wir von diesem gräulichen Drunter und drüber gehen – *gaspillage* [=Verschwendung] – profitirt. Mit verdoppeltem Geschrei fodern wir,

· der erhabne – *auguste* – und alte Palast von Frankreich soll reparirt, ober beileibe nicht eingerissen werden;

· wir wollen einen König, und keine TheaterMaske, eine durch das Gesetz, aber nicht durch Fäuste von Banditen, gebundenen Chef;

· die Franzosen sollen frei seyn, solle die Freiheit haben, die alle Bürger ihr Hab und Gut und ihr Daseyn in Friede genießen läßt, nicht aber die, die in Frevel ausgeartet, nichts wie Anarchie, und mit ihr nichts wie Unfrieden, Verwirrung, und Mord, hervorbringt.

Indessen seit dieser mer betrügerischen als schmeichelhaften Epoche, von der die Nation ihr Heil erwartete, ist die HauptStadt im Sturme, sind die Geister in Aufbrausung; und jeder Schritt, den sie getan haben, war eine Unordnung, war ein Schlag auf die gesetzmässige Autorität, war ein Streben zum Dominiren.

---

[76] Fundstelle: (Schlözer, Stats-Anzeigen XIV, 1790, S. 56 ff).

Diese schmutzige Masse von verdammten Bösewichtern, der Abschaum – *l'égout* – und die Schmach aller Nationen, die, wie garstiges Gewürms, nur im Schlamm und Trüben wonniglich lebt, sobald nicht eine eisern Rute sie bändigt, hat die Barrieren durchbrochen, die ihre tumultuirende Leidenschaften mit Macht aufhielten: und aus diesem Pful, wo, wie in der Hölle, die Neigungen zu allen Verbrechen eingeschlossen waren, stürzten Stromweise alle die Uebel, alle die UnglücksFälle, heraus, die Frankreich überschwemmen. Die Tugend errötete darüber; die Menschheit seufzte; und <58> traurend – *en pleurs* – senkten die Lilien ihre Kronen, welche profane Hände welk gemacht hatten.[77]

Soll ich wieder erinnern, an dir ersten *horreurs,* von denen die HauptStadt das Beispiel gegeben hat? an die Scenen von Blut-Bad, an die Grausamkeiten, an die *Cannibalites,* mit denen sie den französischen Namen entehret hat? – Soll ich das wütende Pöbel-Volk malen, das plötzlich seine Maske von *douceur* abwarf, das zugleich Richter, Partei, und Henker, ward, das mit langen Zügen ein unschuldiges Blut hinunterschlürfte, dessen bloser Name das Verbrechen ausmachte, und dessen Vergießung immer noch eine *atroce* Ungerechtigkeit seyn würde, wenn selbst das Verbrechen vor solcher vorhergegangen wäre? – Soll ich diese Mamlucken von Soldaten[78] nennen, die treulos gegen ihren Eid und gegen ihren König, zuerst die Fane der Empörung gepflanzt hatten, diese, nicht

---

[77] »Der Verf. schrieb „beim Schimmer der patriotischen Laternen", bei welchem sich nicht gut schreiben, und noch weniger drucken läßt; er fand also für nötig, hier folgende äußerst unbedeutende Note beizufügen. „Dieses Gemälde, und alles, was man in der Folge vom Verderbnis der HauptStadt sagen kan, geht die *bonnêtes citoyens* nicht an, die sich daselbst befinden, und die, wie wir, über die Unordnungen seufzen." Hoffentlich hat diese Note das Haus, worinn er wont, vor dem roten Kreuz gesichert; denn gewiß, selbst die *Poissardes* = ordinäre Weiber werden sich unter die *bonnêtes citoyens* rechnen. – S. «

[78] »*Guerriers apostates:* Meine Uebersetzung der *Apostates* durch Mamlucken – Gekaufte – ist doppelt richtig: die edlen Krieger von der *Garde-Françoise,* die blos als *citoyens* sollten gehandelt haben, waren verächtliches Gesindel, das der H. v. O. gekauft hatte – die Schweizer und Deutsche ließen sich nicht kaufen. Das wußte man Anfangs nicht, aber nun weiß man es. Von nun an darf kein französischer Schriftsteller mer gegen die russischen Garden, und die von diesen bewirkte Revolutionen, den Mund auftun. – S. «

Vaterlands- sondern BanditenHelden, Verteidiger der Zügellosigkeit, und MeuchelMörder der NationalFreiheit? Die Schwärze ihres Verrats, die <59> aus der Pfütze ihrer stinkenden Herzen floß, um sich in dem Pariser Kloak zu vereinen, hat den Damm der öffentlichen Sicherheit durchbrochen, und die Canäle der Insurrection ausgehölt, die selbst durch den Sal unsrer Repräsentanten liefen, ihn inficirten, und ihre pestilenzialische Ausdünstungen bis an die äußersten Gränzen des Königreichs verbreiteten.

Jetzo ist keine Freiheit mer, keine Gesetze mer, keine Tribunäle mer: die oberste Gewalt ist onmächtig, die Stärke dominirt, die Anarchie regirt. Jetzo zeigt sich der Charakter der Verwegenheit ganz offenbar; man hört die dreistesten Anträge – *motions*; Themis zerbricht ihre Wage, und die drückendsten Dekrete gehen durch. Und die bedrohte Rechtschaffenheit schweigt ... und die verfolgte Tugend flüchtet außerlands .... und die erschütterte Standhaftigkeit wird schüchtern ... Die Zügellosigkeit, blos die Zügellosigkeit, erhebt ihr stolzes Haupt; sie herrscht über den König, über die *Assemblée*, über Frankreich.

Bürger der Provinzen, könnt ihr an diese lügenhafte Broschüren, an diese Federn glauben, die in die Galle der Verläumdung getunkt, und von eben den Händen gefürt werden, von denen alle die Unordnungen herkommen, über die ihr seufzet, welche, um so viele Verbrechen zu rechtfertigen, andre erdichten, um solche als Ursachen assigniren zn können? Nun so glaubt, daß ein zärtlicher Vater, um einige ungelerige Kinder zu corrigiren, sie alle, samt seinem Hause, habe aufbrennen wollen. Nun so glaubt, daß die Excremente der Nation, die, bei den Convulsionen eines Reichs, nichts zu verlieren, und alles zu gewinnen haben, sich wider ihren Willen dazu verstanden haben, wärend dessen die Blüte des französischen Volkes, das nur in der Ruhe sein Vorteil findet, sie provocirt hätte. Und ein Decret dieser vermeintlichen Weisen untersteht sich, eine so abenteurliche Verläumdung zu accreditiren? ... Bärenhäuter! ist euch für eure Köpfe bange, so wetzt doch nicht selbst das MordSchwerdt des Aufrurs, um andern ihre Köpfe abzuhacken. Könnte <60> ich doch, wenn gleich nur in der PlebejerClasse geboren, euch den meinigen anbieten, euer Opfer werden, und durch mein Aufopferung meinem Vaterland Ruhe verschaffen!

Provinzen! Die Pariser *ferocité* hat sich bis zu euch hingezogen: Ungeheuer gibt es überall, aber die eurigen habt ihr erdrosselt. Das Gesetz, die Rächerin, hat die Schuldigen verfolgt: die HauptStadt preconisirt die ihrige, und durch die Ungestraftheit gibt sie dem Verbrechen Mut; denn sie braucht Verbrechen, um euch zu unterdrücken. Nicht zufrieden, dem Könige seine Autorität abgeplündert zu haben, will sie ihn auch zu ihrem Gefangenen haben: Hier zieht sich völlig der Vorhang auf, der das Gemälde von *horreurs* verdeckte, welches ich skizzire.

Gerüchte, die dem schwarzen Neid, und der Ambition, der es an Talenten gebrach, jenen Neid zu souteniren, nur zum Vorwand dienten, hatten verbreitet, der König würde sich nach Metz retiriren: dieser entdeckte Verdacht ward sei Verbrechen; als wenn alle Menschen das Recht hatten, frei zu werden, nur Er nicht! Nun entwarf man die stürmische Expedition nach Versailles. Jene Weiber, die die Lasten der beiden Geschlechter vereinigen, one eine einzige Tugend ihres Geschlechts zu besitzen, die von Unruhen leben, wie die NachtEule vom Gewürm, versammelten sich, von einem übeltätigen Genius besoldet und fortgeschoben. Bei ihrem drohenden Blick, bei dem Gelerme, das ihre verwirrt durch einander wiederhallende Stimmen belebten, bei der bizarren Verschiedenheit ihrer Bewaffnungen, hatte man denken sollen, Furien im Anmarsch, um Jupitern zu entthronen, zu sehen. Dieser gräßlichen Avant-Garde folgt die Pariser Armee, die mer ihren Chef [la Fayette], als er sie, anfürt: und mit ihr marschiren alle Donner des Kriegs [am 05.10.1789]. Wo wollt ihr hin, Franzosen, falls ihr dieses Namens noch werth seit? Wollt ihr dar schreckliche Scandal eines bisher unter euch unbekannten Verbrechens geben, und KönigsMörder *in Corpore* werden? Wo willst du hin, General, den die Stimme eines <61> inconsequenten PöbelHaufens, der den Dolch eben so leicht gegen dich keren kan, als er ihn dir gegeben hat, eingedrängt, ausgerufen hat! Hast du die Seele wie das Blut deiner Vorfaren jenseits der Meere gelassen? Ha, wie füle ich dein Herz pochen, bei dem Anblick dieses Palastes deiner Könige, dieser geweihten FreiStätte, die nur das verwegenste Verbrechen verletzen kan! Deiner GewissensBisse ungeachtet, kannst du nicht mer zurück; der Strom reißt dich fort; du bist ein Spiel der Wogen, und nicht mer deines Schiffes Herr; und nachdem du auf einem fremden Boden für die Freiheit gefochten hast, bist du gezwungen, in deinem Vaterland der Chef von Banditen zu seyn.

Indeß wird dieses ehrwürdige – *auguste* – Schloß berennt; man dringt in den WonOrt der höchsten Autorität ein; die Lilien werden von denen, welche sie regirt, geleitet hatten, mit Füssen getreten: die Wächter der geheiligten Person des Monarchen, werden massacrirt; und mitten durch die rauchenden Ueberreste dieser blutigen Leichname, sucht die königliche Familie ihre Rettung: nur noch Einen Schritt weiter, so ist das größte aller Verbrechen ausgefürt ... Tag des *Horreurs* und des Fluchs, warum kan ich dich nicht vor den kommenden Jarhunderten verbergen! Der König ist gezwungen, sich mit seiner in Thränen schwimmenden Familie einem rebellischen Volke auf Diskretion zu ergeben: in seiner HauptStadt wird er, nicht wie ein Souverain, sondern wie ein Sklave, bewacht.

Die Verwegenheit, ober vielmer die Wut, die die Stufen des Throns mit Blut befleckt hat, respectirt eben so wenig den Tempel der Versammlung, die Frankreichs Schicksal entscheiden soll. Eine Horde von insolenten Weibern trägt die Unordnung ihrer Seelen dahin, und die Zügellosigkeit sitzt mitten unter unsern Gesetzgebern. Fleußt dort kein Blut; so will man wenigstens da dominiren, einige Mitglieder herausheben, und sie unter den Hammer der HauptStadt legen. <62>

Um die Ketten zu vergülden, in die man die Provinzen schlagen will, schreien die Banditen: der König ist frei, und Er muß diese Lüge unterschreiben. War er frei, mitten unter der Ermordung seiner Garden, wo ihm das Eisen vor den Augen funkelte, und sich eben die Blitze der Kanonen entzünden sollten? Ist er jetzo frei, da ihn seine Wache nicht aus den Auge läßt, da man ihm so zu sagen den Gang seiner Promenaden verzeichnet, da man ihm die Stunde bestimmt, wen er wieder zu Hause seyn soll? Bald wird auch die von dem Weisesten bereits verlassene Versammlung mit ihrer Unterschrift vorsagen, daß auch sie frei sei; und wir werden glauben, daß man, bei Proskriptionen, bei Drohungen von LaternenPfälen, frei sei; daß man bei Türen, die mit roten Kreuzen bezeichnet sind, daß man mitten unter den Insulten, den Bedeutungsvollen Geberden dieses Volks von Henkern, frei sei. Bürger von allen Classen, ich habe die Signatur von trostlosen Mitgliedern gesehen, ich habe sie gelesen, worin sie mit Seufzen gestanden, daß ihr Kopf von ihrem *Veto* obhinge, und daß sie, um solchen zu retten, ihr Gewissen einer Meinung aufgeopfert hätten, die ihr Herz verläugnet. Jetzo, da sie mitten im Brande sind, jetzo, da die zerstörenden Laternen ihren Sal erleuchten, und von ihrer Art zu denken, nur noch Ein Schritt zum Tod ist, jetzo, da der Schwarm dieses insolenten Pöbels auf sie eindrängt, der alle Grundsätze von Religion, Sitten, und Ehre, abgeschworen hat, und von dem sich ein jeder eine Ehre daraus machen würde, ihr Henker zu werden: – sind sie frei? und können sie als Repräsentanten einer freien Nation angesehen werden?

Provinzen, ihr habt also keinen König mer, der für eure Sicherheit wachte: denn ein König, der Sklave ist, kan nichts; sein Zepter ist zerbrochen. Ihr habt keinen Senat mer, der an der Wiederherstellung eures unglücklichen Reiches arbeiten könnte: denn eine Versammlung, aus der die Weisheit desertirt, und wo die Gewalttätigkeit <63> dominirt, euch kein Zutrauen mer zu ihren Dekreten einflößen. Was ist euch also noch übrig, das Vaterland zu retten? – Ihr selbst ... In eurer Biederkeit – *loyauté* – und in dem Ganzen eurer Bewegungen, müßt ihr die vereinte Kraft finden, der Hydra, die euch fressen will, den Kopf abzuschlagen.

Indeß da Agamemnon[79] in Fesseln schläft, müßt Ihr für seine Autorität, wie für euer eignes Interesse, wachen, müßt Ihr in seinem Namen die Zügel nemen, um Alles zum Guten zu lenken.

Die HauptStadt hat kein Recht, keine Macht, über Euch: in Ansehung Eurer ist sie nicht mer, wie jede andre Stadt; und um ihre Opulenz zu unterhalten, braucht sie mer Euch, als Ihr sie. Provinzen, ihr seid die vollen Brüste, die sie säugen. Wollt ihr leiden,

---

[79] Agamemnon ist in der griechischen Mythologie ein Herrscher von Mykene und der Anführer der Griechen im Trojanischen Krieg.

daß Ihr, Leben gebende SäugAmmen, unter den Klauen des schwachen Säuglings seid, und daß ihr ihn mit eurem Blute dick und stark machet? Wollt ihr leiden, daß 23 Millionen Menschen seine Sklaven werden; wollt Ihr euch, wie weiland gefangne Könige in Rom, vor seinen Wagen spannen lassen, um seine Auffart zu erhöhen? Paris hat den Einfluss des Luxus und der Verderbniß auf euch; wollt ihr es auch den Einfluß der Autorität bekommen lassen?

Indessen kettet jetzo diese übermütig Stadt beide Mächte, die Gesetzgebende und die Vollstreckende, zusammen: ihr Ober-Burgemeister – *maire* – ist euer König, ihre FischWeiber sind eure Königinnen, und der Abschaum der Nation dictirt euch die Gesetze. Ihr mögt wollen oder nicht, so müßt ihr ihren Willen decretiren, ihre Ungerechtigkeiten consacriren. Dieses unermeßliche Volk, das nur auf seine Vorteile speculirt, wird alle Canäle des Ueberflusses zu sich leiten: sein durch Decrete unterstütztes *Agiotage* wird euer bares Geld an sich ziehen; und ihr, erschöpfte KronPächter, werdet es auf eure Kosten füttern. Ihr wißt, wie sehr es sich, nach seiner letzten Expedltion, gefreuet hat, den Becker und die Beckerin[80] in seine Mauren geschleppt zu haben: eine *expression de moeurs*, <64> die euch lert, daß ihr das Brod, welches es wolfeil essen will, teuer bezalen werdet.

Gutes Volk der Provinzen! Deine Seele ist nicht durch das Laster geschwächt: noch respectirest du die geheiligten Name eines Gottes und eines Königes; und, wie die alten Athener, weißt du selbst gegen deine Feinde gerecht zu seyn. Füren dich auch Leidenschaften auf einen Augenblick irre: so bringt dich die Stille, die auf sie folgt, wieder zu der naiven Tugend zurück, die dein ErbTeil ausmacht. Aus dieser Muße du die Energie schöpfen, die andern das Verbrechen gibt. Du, der Stärkere, weil du Recht hast, und weil deiner 23 gegen einen sind, sprich herzhaft zu der HauptStadt: „Verwegene Bürger, die ihr den Zepter zerbrochen habt, um uns mit dessen Trümmern zu zerschmettern! wir wollen einen König, und zwar einen freien König: Wir wollen, daß unsre *Procureurs*, die wir angestellt haben, die großen Angelegenheiten des Vaterlandes

---

[80] Damit sind – seit dem Marsch auf Versailles – König und Königin gemeint.

zu verhandeln, von keiner andern Seite her, als von ihren Instructionen und ihrem Gewissen, Impulsion bekommen. Wir wollen, daß alles bisher Geschehene, Beschlossene, Decretirte, Sanctionirte, für nichtig, für illegal erklärt werde, bis es die Freiheit ratificirt, genemigt, hat. Wir wollen ... Und wollt Ihr nicht? ... Zittert vor den schrecklichen Worte, *deleatur*[81] *Karthago.*[82]

---

[81] = Karthago soll vernichtet werden! Eine Anspielung auf den alten Cato und dessen Spruch „Ceterum censeo Carthaginem esse delendam."
[82] »Nichts ist in diesem Aufsatze übertrieben. Was hier mit Wärme und Stärke gesagt wird; eben das sagt Hr. Mounier mit kaltem Blute, und in blos historischem Styl, mit Actenmäßigen Belegen, in mereren kleinen DruckSchriften, von denen künftig ein Auszug geliefert wird. – S. «

1790 Berechnung der Ausgaben für Versailles 1674 ff[83]

9 Berechnung der Ausgaben, welche zwischen den Jaren 1674 und 1690, auf die Erbauung von Versailles, und der andern damit verbundenen königl. Schlösser – Trianon, Marly, Cingny, die Menagerie, St. Cyr – verwandt sind.

<65>

	Livres	S.	d.
Ankauf der Grundstücke, welche jetzo le Domaine von Versailles und Marly ausmachen	5.912.104	x	10
Aufhebung und Zubereitung des Grund und Bodens, Anlegung des Kanals, und alle unterirdische Arbeiten	6.038.035	x	10
Mauerwerke	21.186.012	4	1
Zimmerwerke	2.553.638	1	5
Dachung, Schiefer etc.	718.679	16	9
Alles Bleiwerk	4.558.077	2	6
Schreinerwerk	2.666.422	2	0
Schlösser- und Schmiedearbeiten	2.289.062	3	9
Glaserarbeiten	300.878	10	9
Spiegel	211.641	1	6

---

[83] Fundstelle: (Schlözer, Stats-Anzeigen XIV, 1790, S. 64 ff).

Malereien und Vergoldungen	1.676.286	11	8
Steinhauereien, Holzschnitzarbeiten	2.696.070	6	9
Marmorarbeiten	5.043.502	5	8
Ertz und gegoßnes Kupfer	1.876.504	6	3
Eiserne Wasserrören	2.265.114	15	8
Hof- und Zimmerpflaster, Estriche	1.267.464	13	0
Das Gartenwerk und die Wasserkünste	2.338.715	15	8
Taglöne	1.381.701	16	2
das jetzt abgebrochene Schloß Chigny hat gekostet	2.074.592	9	5
Die Maschine von Marly	3.674.864	8	8
die unnützen Arbeiten am Kanal von Maintenon	8.612.995	3	0
verschiedene Ausgaben	1.799.061	12	10
für reiche Meubles, Gemälde, antike Statüen etc.	6.517.100	5	8
[Errechneter Betrag:]	87.658.516	14	10
[Eingetragener Betrag:]	87,668,514	14	10

Die Mark C galt zwischen 1674 und 1694 29 L[ivres], 6 S[ols], 11
d., und gilt jetzo 53 L., 9 S., 2 d. Jene 87,668,514 L. machen also
im heutigen Valor etwa 157 Millionen aus.[84]

---

[84] »Nächstens wächst Gras in den Gassen von Versailles; und nächstens geschieht
das auch in Paris. Weit über 250,000 Seelen haben die letztere Stadt verlassen, die
jetzo nur noch durch die Gegenwart des Königes und der *Assemblée Nationale*
einiger masen belebt wird. Entfernen sich einmal diese; wird in einigen Wochen
der GerichtsSprengel des Parlements zergliedert, und der neue oberste GerichtsHof
blos allein für die 60 Districte und ihre unmittelbare Nachbarn errichtet: so erfolgt
das *deleatur Karthago* von selbst, und ganz in der Stille. Indessen ist jetzo schon

---

der Bürger und Handelsmann in den Grund hinein ruinirt- der deutsche Leser denke an ein Beispiel im Kleinen, an Mannheim, als dieses Städtchen der Hof verlies. – S. «

1790 »Gräuel der NationalVersammlung«[85]

11 Gräuel der NationalVersammlung. Addresse aux Provinces, ou Examen des Operations de l'Assemblée Nationale. Mit dem Motto: Ils n'ont rien respecté, & ils veulent qu'on les respecte. Gedruckt 1789, in gr. 8, 31 Seiten.[86]

MESSIEURS. Zweimal wöchentlich versichern Euch eure Deputirte, daß sie die *Régénerateurs* von Frankreich sind; daß Ihr ihren Bemühungen das Glück zu verdanken habt, das Ihr genießt, auch das Glück, das Euch erwartet. Indessen seufzen gescheute Leute; aber nicht einer von diesen würdigt Euch, Euch zu beleren. Hört eine mutige Stimme, die mit Euch die Sprache der Warheit sprechen, und Euch die Menschen malen wird, die Ihr mit eurer Wal beehrt habt.

Ihr hattet euren Deputirten gesagt: stellt die Finanzen wieder her; stellt das Eigentum der Bürger gegen die Plünderungen des Fiscus, und ihre Freiheit gegen willkürliche Befehle, sicher. Eure Ideen waren simples und gerecht. Ihr kanntet die Uebel, die Euch drückten; Ihr gabt dagegen das HeilMittel an. Wie glücklich wäret <80> ihr gewesen, wenn eure Deputirte hätten glauben können,

---

[85] Fundstelle: (Schlözer, Stats-Anzeigen XIV, 1790, S. 79 ff).

[86] »Die Acten der jetzigen Rump-ReichsTags in Frankreich, stellt diese Druck-Schrift in einer fruchtbaren Kürze vor Augen. Für ihren Verfasser hält man allgemein den Deputirten von Lyon, Hrn. Nicolas Bergasse. In 14 Tagen sind von derselben 5 Auflagen erschienen; und mer als 15,000 Exemplare sind davon in die Provinzen verschickt worden. Es ist doch billig, daß das deutsche Publicum, welches die GroßTaten der Franzosen, oder vielmer einiger Franzosen, in so manchen Zeitungen und Journalen, auch noch nach dem 4. Aug. und 5. Oct. anstaunt, auch wisse, was selbst ein Mitglied der NationalVersammlung vom *Tiers-Etat* darüber denkt, und schreibt, und drucken läßt, und Millionen Franzosen davon denken. – S. «

daß sie nicht viel gescheuter waren, wie Ihr, und daß der Unglückliche, welcher leidet, immer am geschicktesten ist, seine Leiden anzugeben!

Finanzen.

In Absicht auf die Finanzen hättet Ihr also befolen, das Deficit durch Sparsamkeit – *économies* –, durch Verbesserungen – *ameliorations* –, selbst durch Auflagen, voll zu machen. Ihr wußtet damals durchaus nicht, daß dieses Deficit nicht mer wie 56 Millionen betrüge. Ihr mußtet also glauben, daß diese Wunde leicht zu heilen sei: denn da Ihr sie für noch viel tiefer hieltet, hattet Ihr doch sichere Mittel dagegen abgegeben.

Wirklich schlug der König bei seiner Hofhaltung eine Reduction von 12 Millionen vor, die solche gleichwol noch die glänzendste Hofhaltung in Europa seyn lies:	12 Mio.
Die Hofhaltung von Monsieur[87] konnte um 1,500,000 L. reducirt werden; die des Hrn. Grafen d'Artois[88] desgleichen, macht zusammen	3 Mio.
Alle Menschen wiesen auf die verpfändeten Domainen eine Operation von 10 Mill. an; man durfte nur den wirklichen PfandInhabern den Genuß dieser Domänen auf 40 Jahre hin versichern, macht	10 Mio.
Mer wie 8 Mill. konnte man bei der Einhebung der Auflagen profitiren 8,000,000 L.	8 Mio.
Die Klerisei konnte immer eine Summe von 8 Mill. übernemen, die alljärlich zu *oeuvres pies* bestimmt, und in Hrn. Neckers *discours d'ouverture* angezeigt war	8 Mio.

---

[87] = Louis Stanislas Xavier, der Bruder des Königs: Herzog von Anjou und Graf der Provence.
[88] = Charles Philippe, der Sohn von „Monsieur".

Die Stadt Paris hatte sich zum Unterhalt des Pflasters, der Nachtlaternen, der Schauspiele, verstanden, und dafür, zu ihrem Profit, die Befreiung von den EingangsRechten für gewisse Particuliers aufgehoben: würde gemacht haben<81>	1,2 Mio.
Die *Taille* des Adels und der Klerisei war auf mer als 8 Mill., und ihre *Vingtieme* auf mer als 12 Mill. geschätzt: macht	20 Mio.
Die Kopfsteuer der Klerisei, die gar keine bezalt, und die des Adels, der eine so geringe bezalt, ferner die Kopfsteuer der Privilegirten, die immer *des indemnités* erhalten, hätte gegeben	3 Mio.
Von den excessiven Pensionen konnte man abnemen	2 Mio.
Beim KriegsDepartement wären zu reduciren gewesen	15 Mio.

Hier waren also 80 Mill., die die öffentliche Stimme, so zu sagen, Euren Finanzen gibt; d. i. das ganz gehobne Deficit, so wie es wenigstens bei der Eröffnung Eurer Versammlung war, und noch 24 Mill. drüber.

Hätte man damals ein Anleihe von 200 Mill. zu 4 proC. eröffnet: gewißlich, es wäre voll geworden; denn für diese Zinsen nemen England, Holland, und in Frankreich selbst nemen die Corps und Stände, Geld auf. Diese 200 Mill., die zur Ablösung der lästigen Anleihen verwandt wären, würden noch eine *bonification* verschafft haben von mer, als 7,000,000 L.

Ihr hattet also damals einen Ueberschuß von mer wie 30 Mill. in den Einkünften: und gleichwol hättet ihr nicht die Lasten des Volks vermert; denn Ihr fodertet nichts, als verhältnismäßige Contributionen der Reichen, die sich solchen bisher entzogen hatten.

Wenn man nun järlich eine Summe von 20 Mill. zu den Wiederbezalungen verwandte: so konntet Ihr allen Capitalisten Trotz bieten. Ihr öffnet ein beständiges Anleihen, um Summen, die auf 5 proC. standen, auf 4 herabzubringen. Und hätte man der *Caisse d'amortissement* immer die *benefices* zugeschlagen, die aus diesen neuen Einrichtungen erfolgten: so würden wir gesehen haben, daß <82> dir Schuld bald erlöschen, und die Zinsen zu 3, vielleicht gar zu 2 ½ proCent, wie in Holland, heruntergesunken wären. Nie hätte ein Reich seine Finanzen in einer glücklichern Lage gesehen.

Noch felte eine järliche Summe von 10 Mill., die zu dem durch den ErzBischof von Sens, suspendirten Wiederbezalungen, hätte verwandt werden müssen. Völlige Gerechtigkeit hätte man ihnen nun freilich nicht dadurch widerfaren lassen, denn sie waren weit beträchtlicher; oder man hatte doch für diese Capitalisten mer getan, als sie hofften: auch würden ser viele von ihnen, ihre Gelder gewißlich wieder eingesetzt haben; und hätte man noch diese Casse autorisirt, Anleihen auf niedrigere Zinsen zu machen, so würden die *amortissemens* geschwinder erfolgt seyn.

Das Schicksal der SalzSteuer und Accise war ebenfalls durch eure Instructionen bestimmt: die Verwaltung derselbe sollte man den Provinzen überlassen, die solche entweder beibehalten, oder in andre Auflagen verwandelt hätten: und hätte man sie zur Ablösung der LeibRenten verwandt, so hätte sie jedes Jar abgenommen, und diese Gewißheit hätte dem Volk die Last ser erträglich gemacht.

Alles das konnte man tun; alles das hattet ihr befolen, für die Finanzen zu tun: nun aber was tat die NationalVersammlung?

Man proponirte und decretirte eine unentgeltliche Rechtspflege, d. i. eine alljärliche Vermerung der Auflagen um mer als 51 Millionen: denn diese Operation setzt eine Wiederbezalung von mer als 800 Mill. voraus, die 20 Mill. Zinsen tragen; und da man für die Aemter der Magistratur nicht mer als 13 Mill. zalt, so geschieht jetzt eine Vermerung von 27 Millionen. – Dies ist noch nicht alles: die Rechte des Königes auf die *Arrêts* und die *actes de procedures*, müssen auch aufgehoben werden; denn alle Sachwalter wissen, daß solche weit höher als die Sporteln kommen: macht für den Fiscus einen Verlust von <83> 14 Mill. – Dann müssen den JustizBeamten Besoldungen ausgesetzt werden. Man neme solche auch noch so klein an, so muß man sie doch wenigstens auf 10 Mill.

rechnen[89] – der OberGerichtsHöfe werden 80 seyn. – *In Summa*
also eine Operation, die dem State eine järlich Auflage von 51 Mill.
kosten wird: und doch, derweil man die RechtsPflege *gratuite*
macht, läßt man die allerlästigsten Kosten, die der Procuratoren,
Advocaten, Zeugen, und Experts, bestehen. – Auch die Rechte des
100sten Pfennigs, des *marc d'or* auf die Bedienungen, zwei Auflagen, die nicht das Volk treffen, werden durch die *justice gratuite*
aufgehoben.

Die Abschaffung der LehensRegirung vernichtet den größten Teil dar *benefices,* die man auf die PfandInhaber der königl.
Domainen hätte machen können.

Die *municipalités* und die BürgerGarden sind eine ser kostspielige Sache geworden, die mer als die Einkünfte der *droits
d'octroi* verzeren wird.

Die Klerisei ist so tief herab, daß anstatt von diesem Corps
etwas zu profitiren, gewiß eine Auflage zum Unterhalt des Gottesdienstes nötig seyn wird.[90]

Die Zerstörung der *droits seigneuriaux* vernichtet fast völlig die Vermerung von Abgaben, die man sonst den GutsHerrn
hätte abfodern können.

Die Desertion des größten Teils der Armee, die Verschleu-
derung von Gewer, Pferden, und Uniformen, die die Ausreisser begangen haben, hat auf lange Zeit hinaus die Ersparungen verschlun-
gen, die man beim Militär machen konnte. – Die blose Desertion
beim Regiment der Garden <84> fodert eine Wiederbezalung von
8 Mill.: und was vielleicht niemand wird glauben wollen, die Stadt
Paris hat den *Gardes françoises* 1,200,000 Livrcs geschenkt! – Diese
Arme von Ausreißern, die sich in die Stadt geworfen hatte, kostete
fast 2 Monate lang, jeden Tag 17,000 Livres.

---

[89] »Nach andrer Rechnung über 15 Mill. «
[90] »Bekanntlich will die Nation jetzo die Geistlichkeit besolden: aber durch die
Abschaffung der Zehenden ist die Masse der geistlichen Güter weit, viele Millionen weit, unter den zu jenen Besoldungen erfoderlichen *fonds* erniedrigt worden.
– S. «

Die in dieser Stadt errichtete neue *municipalité* schafft nur mit ungeheuren Kosten Brod. Man läßt 12 Leuken[91] weit malen; man errichtet HandMülen, wo 8 Menschen, für 30 Sou des Tags, nicht mer als 3 *septiers* Korn malen können. Mit einem Wort, alle EingangsGelder zusammengenommen, reichen kaum zu den Kosten dieser neuen Administration zu. Für den Fiscus ist das ein Verlust von 35 Mill. järlich.

Noch hat sich auch die Stadt Paris der Einkünfte von den BriefPosten bemächtiget; denn die Unordnung verschlingt alles. Kan man sagen, die Nationalversammlung sei nicht an dieser Unordnung schuld? Aber ist das nicht die Folge von der Empörung von Paris, und hat nicht sie diese Empörung gemacht? Sind nicht die HauptUrheber derselben in der Versammlung? Hat nicht sie im Kleinen in allen Städten des Königreichs das getan, was sie im Großen in der HauptStadt tat? Hat nicht sie dem Volk Recht gegeben, wie es die Gefängnisse der franzö̈s. Garden brach? Hat nicht sie *aux armes* geschrien, unter dem Vorwand, daß man sie massacriren wolle; hat nicht sie die albernen Märchen verbreitet, daß *Canoniers* beordert wären, um auf die Deputirten mit glühenden Kugeln zu schießen; daß man PulverFässer unter ihren Sal gelegt habe? – Die verhaßtesten Mittel, das Volk zu misbrauchen, sind alle gebraucht worden; die Couriere nach den Provinzen, die Nachrichten von RäuberBanden. Das ganz Königreich hat sich, Paris an der Spitze, nur für sie, durch sie, mit ihr, empört: und man sollte ihr keine Rechenschaft für diese Empörung abfodern dürfen? Sie hat alles gesehen, alles gebilligte: sie hat sich geweigert, <85> Hrn. Necker zu unterstützen, wie dieser die Ruhe herzustellen suchte: sie sagte, sie sei nur durch den Aufstand des Volkes stark. Sie hat den König verächtlich gemacht; sie hat das Beispiel zu Proskriptionen gegeben; sie hat den Aufstand gemacht, sie hat ihn unterhalten, sie unterhält ihn noch. Und wenn dieser Aufstand die Ursache aller unsrer UnglücksFälle ist; sollte sie, die Nationalversammlung, nicht daran schuld seyn?

---

[91] Eine Leuge ist eine Längeneinheit aus der Antike, die noch bis ins 19. Jahrhundert benutzt wurde; sie beträgt zwischen 2 und 7 km.

Die Unruhe, in die darüber alle Bürger kamen, haben unendliche Auswanderungen verursacht, die die Einkünfte von den Auflagen auf die *consommations* erstaunlich vermindert haben.[92]

Die Unordnung bei den Finanzen hat die Hoffnung, Geld auf leichtere Zinsen zu erhalten, gänzlich vereitelt, denn notorisch wird das bare Gold und Silber in das Ausland verschleppt; und man kan so wenig hoffen, Anleihen zu <86> 4 proCent machen zu können, daß nicht einmal die letztere Anleihe voll wurde, wo doch, weil die Hälfte in Papier gegeben worden konnte, 6 proC. geboten wurden.

Die Banqueroute nemen unendlich zu, kein Mensch verkauft mer; alle Bestellungen von Manufakturen in Lyon sind abbestellt; der Fiscus verliert alle die Einkünfte, die von diesen Waren kamen.

Die Contrebande hat fast alle Provinzen des Königreichs mit Tabak[93] versehen, und dadurch die Renten von diesem Pacht auf lange Zeit hinaus vermindert.

Die SalzSteuer und die Accise ist überall zerstört. Die Provinzen, die solcher unterworfen waren, haben ihr Salz spottwolfeil

---

[92] »So haben eben jetzo die Insulte, die die Madame de l'Infantado erleiden müssen, eine Dame, die järlich gegen 800,000 L. in Frankreich verzerte, wovon mer als die Hälfte den Armen zu Gute kam, sie bewogen, das Königreich zu verlassen, und in ihr Vaterland zurückzukeren. Daß nicht mer als 3 Engländer in Paris sind, ist allgemein bekannt. In dieser Stadt werden jetzo wöchentlich 400 Ochsen weniger verspeist. Man berechnet die ungeheuern Summen, die dermalen im Auslande ausgegeben werden. Der Graf d'Artois, die Gräfin d'Artois, der Prinz de Condé, der Herzog de Bourbon, die Prinzessin Louise de Condé, samt der unermeßlichen Suite dieser Prinzen: der Baron de Breteuil mit seiner ganzen Familie, der Marschall de Broglie, der Prinz de Lambesc, der Prinz de Vaudement, der Präsident d'Aligre, der Prinz de Monaco, Mad. de Polignac, der Herzog von Luxembourg, der Graf d'Escars, de Villedeuil, de Barentin etc. – Mit Einem Wort, kein Tag verging, wo nicht das Hotel-de-Ville in Paris mer als 200 Pässe ausgab. Wer wird sich nun noch wundern, daß die Verzerung so abnimmt, das bare Geld so selten, und der Armen so ungeheuer viele werde? – Anmerk. des Verf. «
[93] »Blos diese 2 Artikel, Tabak und Salz, waren sonst für den Stat eine Quelle von mer als 80 Mill. Alles hat der Pöbel frei gemacht. Nirgends wird mer Accise bezalt, weil einige Oekonomisten-Schwärmer gegen diese Auflage gepredigt haben. Paris verzert die 40 Mill. selbst, die es sonst dem Stat zollte. – S. «

eingekauft, und sind damit auf viel Jare hinaus versehen. Wie diese Auflagen zu ersetzen seien, dazu ist kein Anschein zu einer Zeit, wo der Handel todt ist, wo die Capitalisten ihre *fonds* nach England schicken, wo edle Reiche außerlandes flüchten, und wo das Volk, dem es nächstens an Arbeit fehlen wird, um Hilfe anspricht, anstatt Hilfe anbieten zu können.

Die Zerstörung der königl. Autorität hat das Volk in Waffen gebracht, und die *force publique* entwaffnet. Folglich werden keine Auflagen mer bezalt werden: denn der Bezaler ist bewaffnet, der Einfoderer aber ist es nicht.

Die Kosten der NationalVersammlung steigen schon auf mer als 6 Millionen.

Die Colonien wollen nicht mer ihren StockFisch und ihr Mel blos aus den Händen des MutterStats nemen: so sind also 2 unermeßliche HandelsZweige zerstört; welcher Verlust für den königl. Schatz! <87>

Der Maltheser Orden, der unserm levantischen Handel so unentberlich ist, erklärt, er könne nicht weiter an Frankreich attachirt seyn, wenn man ihm nicht seine Zehenden wiedergäbe.

Das wäre also, was die NationalVersammlung zur Wiederherstellung unsrer Finanzen getan hat! Wer auch noch so wenig Kenntnis von unsern Affairen und unserm Credit hat, hätte doch eine Vermerung von mer als 100 Mill. finden können. So aber hat die Nat.Versamml. dadurch, daß sie das Volk zum Aufstand brachte, nur die ordinaire Einhebung der Auflagen ser schwer, und in mereren Provinzen unmöglich, gemacht. Sie hat dadurch, daß sie die Truppen bestach, die Ersparung vernichtet, die man beim KriegsDepartement hätte machen können. Sie hat alle Verwandlung lästiger Zinsen in leidlichere verhindert. Sie hat kein Anleihen zu 5, nicht einmal zu 6 proCent, bekommen können. Sie hat gemacht, daß alle Ausländer[94] desertirt, und die reichsten Verzerer des

---

[94] »Man rechnet mer als 40,000 Ausländer, die noch den 1. Jul. Paris und die Provinzen belebten, nachher aber entflohen. Den ReisePfennig, den sie mitnamen, kan man, one die Sache zu übertreiben, auf 50 bis 60 Mill. schätzen. – S. «

Königreichs[95] aus dem Vaterland geflüchtet sind. Durch ihre BürgerMilizen hat sie die ganzen Einkünfte von den *octrois* rein durchgebracht: Die Einkünfte von den EingangsRechten in Paris, hat sie erstaunlich vermindert, und den Ueberrest durch die von ihr neuerrichtete *municipalité* verschleudert. Das Commerz[96], diese ergiebigste Quelle der Auflagen, <88> hat sie von Grund aus zerstört; durch sie ist das bare Geld[97] dergestalt aus dem Königreiche verschwunden, daß es auf dem Platze felt. Durch ein fameuses *Arrêt* von *justice gratuite*, hat sie ein Vermerung der Auflagen um 6 Mill. notwendig gemacht. Sie hat fast eine Banqueroute, oder doch ein Einhalten mit den Zalungen, notwendig gemacht: und ihr Genie mußte keine andre *ressource* mer, als das unselige *Expediens*,

---

[95] »Diese schreckliche Emigration von mer als 200,000 französischen Prinzen, Großen, Ministern, Adelichen, und sonst reichen Leuten mit ihrem Gefolge, und ihr Aufenthalt seit 5 Monaten im Auslande, kostet die französ. Nation bis jetzo schon über 100 Mill. – S. «

[96] »Dieser Ruin der Handlung nötigt die Einwoner, die Waren, die sie nicht entberen können, oder nicht entberen wollen, dem Ausländer mit barem Gelde zu bezalen. – S. «

[97] »Noch andre Ursachen, außer den eben angefürten, des unglaublichsten GeldMangels. – Um sowol dem wirklichen GetreideMangel des J. 1788, als der künstlich genug angesponnenen Teurung von 1789 abzuhelfen, sind über 60 Mill. bar aus dem Lande geschickt worden. – Auf der andern Seite sind alle Beutel hermetisch versigelt. Die reichen *Financiers*, die ihren Untergang vor Augen sehen, realisiren, so viel als möglich ist, ihre Stats- und SteuerScheine. Die Klerisei, vornämlich in den Klöstern, schafft alles das bare Geld, das sie sonsten in den Gegenden um sich her aussäete, klüglich auf die Seite, um bei der gar sparsam vorgerechneten Pension sich besser zu behelfen. Der ruinirte Adel hat sich auf seine Hufen gesetzt, und zert von den Brocken, die er vormals seinen Bedienten überließ. Der Kapitalist verbirgt, vergräbt, vermauert, sein Geld, aus Furcht, daß es einem von seinen Mit-Erben an Adam einfallen möchte, das FamilienGut mit ihm zu teilen. – In der HauptStadt selbst zalt man 2 proCent *Agio* für bares Geld, gegen *Billets de la Caisse d'Escompte*, die man vor 8 Monaten dem bare Geld verzog, ungeachtet die Nation diese Casse unter ihre besondern väterlichen Schutz genommen hat. – Noch hat eine reiche Cabale, die sich vorgenommen hat, Neckern zu stürzen, an deren Spitze Calonne, und sein Neffe, der ReichsTagsmann Laborde [vermutlich François Louis Joseph de Laborde (1761–1801)], sind, erweislich mer als 50 Mill. bares Geld auf die Seite geschafft, um den Credit *der Caisse d'Escompte*, welche Neckers StichBlatt ist, zu stürzen, und sich aller FinanzOperationen zu bemeistern. – S. «

Silberzeug einzuschmelzen, welches den Hrn. so ser entehret hat,
und auf alle Bürger die ungeheure Contribution von dem 4ten Teil
ihrer Einkünfte zu legen. Wie ist es möglich, diese ungeheure Contribution <89> zu entrichten! Wie? bei der Zerstörung alles Wolstandes, da der grausamste Winter und die excessivste BrodTeurung
das Volk ruinirt hat, da die GutsHerrn ihre Rechte vernichtet und
einen Teil ihrer Schlösser in der Asche liegen sehen, da die Geistlichkeit nicht mer weiß, was sie hat, – zu der Zeit schlägt man eine
Auflage vor, die härter als die *Taille* und die *Vingtiemes* ist! Ich frage
nochmals, waren das Eure Ordres? oder was für Leute habt Ihr mit
eurem Zutrauen beehrt?

Aber vielleicht standet Ihr in der Einbildung, diese exorbi-
tante Fodrung sei von euch nur dann erst geschehen, nachdem man
alle möglich *ameliorations* untersucht, nachdem man die Etats der
Einname und Ausgabe examinirt, nachdem man wenigstens so viel
Gewißheit erhalten hatte, daß dies das einzige und zugleich das gewisse HeilMittel aller Uebel wäre. – Hört, was die künftigen Generationen Mühe habe werden zu glauben! Nichts hat die Versammlung gesehen, nichts examinirt: kein einziger Etat war ihr vor die
Auge gekommen, so daß, da man euch die fürchterliche Auflage
abfodert, kein einiger eurer Deputirten euch Versicherung geben
kan, daß solch zu unser Bedürfnissen zureicht; kein einziger weiß,
ob diese schimpfliche Ressource mit dem Silberzeug, die den auswärtigen Nationen den äußersten Grad von Mangel und Elend
zeigt, die Sachen herstellen kan. Sogar hat ja die Versammlung alle
Discussion über die Ausschreibung dieser Auflage verboten: und
weil Hr. von Mirabeau Hrn. Necker zu stürzen hoffe, wenn dieser
Plan nicht glückt; so mußte er one Untersuchung angenommen
werden. Ist je ein gewalttätigerer Despotismus über euer Vermögen
ausgeübt worden? und hätte sich je ein Minister unterstanden, die
ungeheure Contribution zu fodern, one zu beweisen, daß sie unumgänglich nötig sei?

Seht, so haben eure Deputirte eure Ordre, zur Wiederherstellung der Finanzen, vollzogen! Seht nun, wie sie eurem Eigentum
den Respect conservirt haben, aus dem Ihr Ihnen ein so bestimmtes
Gesetz gemacht hattet. <90>

Eigentum.

Eigentum nanntet ihr alles, was man unter der *Salvegarde*
der Gesetze erworben hatte. Indessen, man vernichtet das Lehen,
das ihr unter diesem Titel besaßet: Ihr meintet, euer Son sei durch
sein *Benefice* versorgt, aber man nimmt es ihm: Ihr hattet ein Amt
in der Magistratur, eure *Reveniie* und eure Existenz hing zugleich
davon ab, eure Mitbürger freuten sich über eure Rechtschaffenheit
und Genauigkeit; aber um diese erworbne und verdiente Stelle seid
Ihr herum, denn bei der Unordnung unsrer Finanzen könnt Ihr
nicht hoffen, remboursirt zu werden, und verkaufen könt Ihr sie
auch nicht, weil kein Mensch sie kaufen will.

Euer Vermögen bestand in Gutsherrlichen Rechten: diese
sind aufgehoben, denn eure Vasallen dürfen euch nur sagen, diese
Rechte wären ein Ueberrest oder ein Aequivalent der LeibEigen-
schaft. Welches Eigentum wird also jetzo noch heilig seyn, wenn
alle Gesetze vernichtet, wenn die unbestrittensten Obliegenheiten
zerstöret sind, wenn Deputirte, die abgesandt waren, alle Rechte zu
sanctioniren, das Recht haben, sie alle zu verletzen?

Bis jetzo hörten die GerichtsHöfe wenigstens eure Gegen-
Vorstellungen an, wenn man euch euer Eigentum angriff; diese
Versammlung da, plündert alle Bürger, und leidet keine GegenVor-
stellung – nicht einmal vom Könige! Dem Vater des Volks verbietet
sie, für seine Kinder zu sorgen; ihn zwingt sie, Grundsätze blindlings zu sanctioniren, die ihr Vermögen und ihre Rechte zerstören.

Ihr hattet verlangt, der Adel solle wie die andern Bürger
zalen; er willigt ein, er erbietet sich mit Vergnügen dazu, und – man
plündert ihn.

Ihr verlangtet, eure GutsHerrn sollen auf ihren Gütern wonen, um solche reich zu machen: aber man entfernt sie von da, denn
man zerstört alle EdelHöfe. <91>

Ihr verlangtet Reglemens über die Zehenden; aber man
nimmt sie der Geistlichkeit ganz weg.

Ihr wollt, daß man die Ordensleute nützlich machen, und
zur öffentlichen Erziehung gebrauchen solle: aber man verjagt sie.

Ihre Reichtümer waren ein wares Eigentum für die Orte, wo sie wonten: nun fallen solche Rentirern in die Hände.

Ihr sahet die Religion eurer Väter als das teuerste von euren Eigentümern an; aber in eurer Ansammlung hat man öffentlich den Calvinismus geprediget.

Kaum konnte euer Eigentum die Auflagen ertragen, die ihr davon entrichtetet; nun hat man euch in die Notwendigkeit gesetzt zu wälen, entweder Banqueroute zu machen, oder euch eine Erhöhung der Auflagen gefallen zu lassen, die eure Kräfte weit übersteigt.

Ihr sahet die *Collegia*, die Hospitäler, die Seminarien, mit Einem Wort, alle öffentlich Stiftungen, als ein heiliges Eigentum an: eure Deputirte aber haben solche ihrer Gutsherrlichen – *seigneuriaux* – Rechte und ihrer Zehenden, d. i. des größten Teils ihrer Dotation, beraubt.

Mit Einem Wort, dies Versammlung, der Ihr den speciellen Auftrag gemacht hattet, alle Arten von Eigentum zu verteidigen, hat gleichwol zugleich, *le fonds, le revenu* und *le mobilier*, angegriffen:

1. *le fonds*, denn sie raubte euch eure Lehen, eure Amts-Stelle, eure Pfründe, euer LandGut;

2. *le revenu*, denn sie foderte euch den 4ten Teil ab, one bewiesen zu haben, daß das nötig wäre;

3. *le mobilier*, den ihr müsset alle euer und eurer Kirchen Silberzeug in die Münze tragen.

Nun aber, so lange sie so außerordentlich eure Befele, wegen des eurem Eigentum gebürenden Respekt befolgte, was tat sie, um euch frei zu machen?

Freiheit.

Eure Idee über Freiheit waren klar. Ihr wollt Niemanden, als dem Gesetz verantwortlich seyn, und alles <92> tun können, was das Gesetz nicht verbeut. Also fodertet ihr die Aufhebung der

Lettres de cachet[98], und aller Mittel persönlicher Rache, die die Minister ausüben konnten. Warlich diese Foderung war gerecht; und der König hatte sich schon darüber einstimmig mit euch erklärt, wie sein Herz immer tun wird.

Aber hattet ihr befolen, daß man alle Städte und *bourgs* des Königreichs in Wut brachte, um alle Bürger gegen einander zu bewaffnen? – Hattet ihr befolen, die ganze Armee zu debauchiren, und aus den Soldaten eben so viele Ausreisser zu machen, welche die HauptStadt beunruhigen, und ganz gewiß auch die Provinzen anstecken wollen?

Hattet ihr befolen, daß man den Namen des Königes mißbrauchen sollte, um angebliche Befele von ihm herum zuschicken, daß man die Häuser der Adlichen und Klosterleute plündern und ausbrennen solle?

Hattet ihr befolen, daß man Bürger ohne alle ProceßForm zum Tode bringen solle?

Hattet ihr ihnen die erste Idee vom LaternenSpiel gegeben?

Hattet ihr einem kleinen Mr. [Antoine] Barnave befolen, mitten in der Versammlung zu sagen, man brauche sich nicht mit den Rasereien des Volks zu beschäftig, denn das Blut, welches es vergöße, wäre nicht rein?

Hattet ihr befolen, daß man aus eurem Könige ein TheaterKönig mache; daß man ihn one Garden, und wie ein Missetäter durch eine doppelte Reihe von 100,000 bewaffneten Menschen, passieren lies, die auf das geringste Signal Eines eurer Deputirten, bereit waren, ihn zu ermorden? – Hattet ihr befolen, daß man ihm sogar seine Garde wegnam, und aus ihm die Fabel aller Nation machte? daß man seinen Pallast bestürmte, und Er, seine Frau, seine Kinder, und seine ganz Familie, 24 Stunden lang, zwischen Tod und Lehen schwebten?[99] <93>

Hattet ihr den Complot gemacht, den Kopf der Königin nach Paris zu bringen, euch in ihr Zimmer zu stürzen, euch im Blute der unglücklichen Garden zu baden, die ihr Leben verloren,

---

[98] *Lettres de cachet* sind vom französischen König unterzeichnete versiegelte Schreiben, mit denen z. B. unliebsame Personen ins Gefängnis gesteckt urden.

[99] Gemeint ist der „Marsch auf Versailles" im Oktober 1789.

weil sie sie retten wollten? und habt ihr an der *rage* der Teufel Teil genommen, wie sie erfuren, daß die Königin ihrer Wut entronnen sei?

Hattet ihr befolen, euren König in Fesseln zu halten; und war das der Dank, den ihr dem Fürsten aufspartet, der der Nation ihre erste Rechte wieder gegeben hatte? – Hattet ihr befolen, diesem unglücklichen Fürsten selbst seine unschuldigsten Vergnügungen abzuschneiden, und ihm keine andere Garde, als seine Henker, kein andere Beschäftigung, als den Verbrechen nachzusinnen, die er zu befürchten hat, zu geben?

Hattet ihr befolen, daß die Freiheit so seyn solle, daß man one Paß nicht aus der Stadt Paris reisen kan, daß man in allen Städtchen angehalten, auf alle Stadthäuser gefürt, und überall insultirt wird?

Hattet ihr euren Deputirten befolen, euch einer Armee von Räubern zu versichern, die bereit stehen, alle die, so nicht für Wut und Unsinn stimmen wolle, zu erwürgen? – Hattet ihr befolen, den Hrn. ErzBischof von Paris zu mishandeln, und die Stimmen mit SteinWürfen zu erzwingen? – Haltet ihr die Proscriptionslisten hergegeben, auf die man alle die setzte, die keine andre Freiheit, als Freiheit der Gesetze, wollten?

Hattet Ihr euren Deputirten befolen, unter allen Bürgern Schrecken zu verbreiten, die Ausländer zum Flüchten zu veranlassen, die liebenswürdigste Nation des Erdbodens blutdürstig zu machen, und eure Versammlung auf den SchauPlätzen der benachbarten Völker die lächerlichste und atroceste Farce spielen zu lassen?

Hattet Ihr befolen, daß sie euren Mandaten nicht getreu bleiben, und sagen sollten, man brauche dafür kein Rechenschaft abzulegen? <94>

Hattet Ihr befolen, den Gesetzen ihre ganze Autorität, den Tribunälen ihre Execution zu nemen, und mit dem *Palais Royal* eine *Coalition* zu machen, um keine *force publique*, als die so dieser infame Ort hat, bestehen zu lassen?

Hattet Ihr befolen, den Hrn. Baron de Besenval[100] seit 3 Monaten, durch eine Wache, die der Stadt Paris täglich 600 Livres kostet, in der Sklaverei halten zu lassen? Und wie Hr. Necker, gerürt von der Auswanderung aller <95> Reichen aus dem Königreiche, verlangte, daß man die Ruhe wieder herstellte, und Hrn. de Besenval in Freiheit setzte: hattet Ihr befolen, diesen Minister nicht zu hören?

Hattet ihr befolen, daß die Correspondenz eurer Deputirten nichts als eine zum Aufrur hetzende – *incendiaire* – Correspondenz seyn sollte?

Und doch hat man alles das getan: seht hier das Werk eurer Deputirten, und verdankt es ihren Bemühungen, daß nicht Ein Bürger ist, dessen Freiheit und Leben nicht *à discretion* wäre; daß es nicht Einen gibt, der nicht einen großen Teil seines Vermögens aufopfern mögte, um nur in die Lage wieder zu kommen, in der wir vor einem Jar waren. Hätte man hingegen eure Instructionen gelesen, und eure Befele zu befolgen beliebt; so würde dieses Reich auf

---

[100] »Schon jetzo – im Jan. 1790 – errötet der weise oder tugendhafte Pariser vor sich selbsten! Schon jetzo verfluchen ½ der Einwoner ihren Taumel und ihre Leichtgläubigkeit. Sogar die fürchterlichen Inquisiteurs haben verbieten müssen, daß die ProceßActen vom General Besenval und, die im Orginal vorhandene Befele und Instructionen, vom 24. Jun. an bis zum 13. Jul., nicht gedruckt werden, weil sie auf einmal die Hülle zerrissen hatten, die man den Hrn. *Badauds* – Pöbel von Paris – so künstlich vor die Augen gezogen hat. Hr. Mounier – in seinem berümten *Exposé Paris 1789*, p. 28 – schreibt:
„Noch weiß ich nicht, ob Hr. de Besenval ein Verbrechen begangen hat. Man macht ihm eines daraus, daß er an den Gouverneur der Bastille geschrieben, er solle sich verteidigen. Ich weiß, daß es Umstände gibt, die die Insurrection notwendig machen; und ich rechne unter diese Umstände diejenige, die den Angriff auf die Bastille veranlaßt haben. Aber ich wußte noch nicht, daß die Werkzeuge der Autorität, die KriegsBedienten, criminell wäre, wenn sie Gewalt mit Gewalt vertreiben, und die ihrer Ehre und Wachsamkeit anvertraute Posten haben behaupten wollen. Ich meinte, die Insurrection könnte höchstens wie ein *actus belli* angesehen werden; aber die Ueberwundenen zu proscribiren, würde keine ser menschliche Art, Krieg zu füren, seyn. Außerdem, wenn das Volk in Paris, des Hrn. de Besenval Kopf verlangte, müßte man hoffen, daß in diesem Fall die Richter vom *Chatelet*, denen man so eben das Urtel über die *crimina laesae nationis* [= Majestätsbeleidigung] anvertraut hat, sich, wenn sie ihn unschuldig fänden, gerne exponiren würden, Märtyrer der Justiz zu werden.“ – S. «

eine Stufe von Prosperität gestiegen seyn, wovon sich die EinbildungsKraft kaum eine ware Idee bilden kan. Warlich, eure Foderungen waren vernünftig: aber diese Weisheit, die sie dictirte, präsidirte bei der Wal eurer Deputirten nicht!

Was für Leute, ich frage Euch, habt Ihr gewält! Alles, was Ihr noch vor wenigen Jaren verachtetet: junge Bursche, von denen Ihr wußtet, daß sie statt Talente nur Wut, und statt Erfarung nur Intrigue besäßen; MagistratsPersonen, die durch ihr Betragen entehrt worden waren, als der sterbende Despotism sich durch die Errichtung der *grands Baillages* wieder aufzuraffen suchte; subalterne JustizBediente, die die Parlements vernichten wollen, um sich in ihren Raub zu teilen; LandEigentümer, die das Land durch ihre Anmassungen plagen, und die immer in Arbeit sind, mir ihren GutsHerren zu rivalisiren, aber fast nie, dem Volke beizuspringen; Pfarrer, die selten nüchtern, und schmälich unwissend sind; Edelleute, die immer bereit sind, dem Mächtigern zu hofiren, und die in eurem Zutrauen nichts als Mittel erblicken, Fortune zu machen: — welches Gefül von Ehre, welche Treue in Erfüllung ihrer Pflichten, konntet Ihr von solchen Walen hoffen? <96>

Antwortet mir: was ist der kleine, Robespierre, der sich in Arras durch nichts, als seine Undankbarkeit gegen den Bischof, der ihn erziehen lassen, bekannt gemacht hat? Was ist ein M*, der dem Strange, aber nie der Infamie entronnen, und dessen bloßer Name eine grobe Injurie ist?

Was ein Prinz[101], den ihr von keiner andern Seite kennt, als daß er oft betrunken, ausnemend Geldgierig, und gänzlich darum unbesorgt ist, was die Welt von ihm denkt und spricht?[102]

---

[101] Louis-Philippe II. de Bourbon, Duc d'Orléans; «Philippe Égalité» (1747-1793).
[102] »Geb. den 13. April 1747, *Deputé de Crepy-en-Valois.* Seinem in Paris gestochenen Portrait, liegt ein 8-Blatt folgenden Inhalts bei:
Acrostichon.
L'exécrable adultere infecta son berceau,
Et sa mere impudique illustra sa naissance.
Dans l'école du crime allaira son enfance;
Une infame leçon, un horrible tableau,
Corrumpirent bientôt sa premier innocence.
Des Maitres criminels, lui versant leur poison.

Ein Pethion de Villeneuve, bei dem Ihr nichts bemerken konntet, als das Zutrauen des Dummdreisten zu sich selbst; ein verächtliches Werkzeug der Aufrursmacher, gleich den Marktschreiern, die man außen vor den Türen der SchauspielHäuser bellen läßt, derweil man im Innern das Stück spielt.

Ein Barnave, insolent, fat, unwissend, bei dem der Witz die Stelle von Grundsätzen und Moral vertritt, mit Einem Wort, was man einen *drôle* nennt.

Zwei Lameth, diese weiland so intriguante, so niedrige Familie bei Hof; bloss gemeine Bediente zur Zeit der <97> Knechtschaft, und insolent zur Zelt der Künheit. So lang die Wut zur Fortune fürt, werdet ihr sie an der Spitze der Wütenden sehen; ihr werdet sie aber in den Antichambren wieder finden, wenn diese noch die Quelle der Gnaden sind: und überall werden sich diese Leute, deren Wesen aus Intriguen besteht, mit Verachtung, durch Stellen oder durch Geld, bezalen.

Ein Castellane, der bis über die Ohren in Schulden steckt, der über den Despotism schreit, und seit mereren Jaren, nur von eisernen Briefen – *Lettres de sursèance*[103] – lebt.

Ein Duport, *degoutant* durch seine Unredlichkeit, seine Spitzfindigkeiten, und seine Intriguen.

Ein Goupil de Préfeln[104], den ihr in dem Kote des Maupeouschen Parlements und der *grands baillages* sich herumwälzen saht.

Ein Pfarrer Grégoire, der mit einem andern Pfarrer Dillon aufrürische Disputationen hält, und statt den Dienst des Friedens

---

Ont surpassé les voeux, les desseins de sa mere,
Reconnoisaance, amour & desir de bien faire
Le choquoient, l'indignoient, révoltoient sa raison.
Et son coeur respirant le fiel & l'imposture,
Annonca que ce Prince aux forfaits préparé,
N'aimant que les pervers dont il est entouré,
Seroit avant trente ans l'horreur de la nature. «

[103] Lettres de sursèance: lettres qu'un débiteur obtenait du sceau, pour faire suspendre les poursuites de ses créanciers.

[104] Guillaume François Charles Goupil de Préfelne (1727-1801) war eine französischer Politiker.

zu verrichten, welcher Talent und Tugend erfodert, nicht als die
Rolle eines Aufrurmachers spielt, auch nie eine andre spielen kan.

Ein Cottin, von dem ihr weiter nichts wußtet, als daß er
seine Vasallen unterdrückt habe, und den ihr nachher für populär
gehalten habt, weil er euch hundertmal anbot, Bretagne mit Mord
und Blut zu erfüllen.

Ein Glezen, sein würdiger Rival, der bei einer *Comité*, die
niedergesetzt ward, um vermeintliche Verrätereien zu strafen, eine
Stelle suchte; der diese Stelle verlies, wie er sah, daß sein Collegen
nicht so blutdürstig waren, wie er; der sie wieder annam, wie er die
Comité auf eine seiner brutalen Seele würdige Art besetzt sah; der
der Nation einen tugendhaften Mitbürger denunciirte, welchen
honnette Selen dadurch gerächet haben, daß sie auf seinen nichtswürdigen Angeber Verachtung spien.

Ein Abbé Sieyes, der sich auf der Versammlung in Orleans
prostituirte, und der, nachdem er alle Mittel, <98> Fortüne zu machen, vergebens versucht hat, nun alle Stände durch einander geworfen hat, um in der Unordnung zu stelen und zu rauben.

Ein Clermont-Tonnerre, gleich verachtet von den beiden
Parteien, die er wechselsweise verraten und bedienet hat; ein subli-
mer Geist für kleine Dinge, und so winzig für die großen! der sich
würdig hält, ein großes Glück zu machen, weil er ebenso betrüge-
risch wie das Glück ist; der auf alle neidisch ist, aber, weil er nichts
als die geringen Mittel seiner *mediocrité* hat, die Ambition nicht
anders kennt, als wie der Unvermögende die Liebe – durch Unruhen und Eifersucht.

Ein la Borde, Herr von 40 Mill., die er dem State gestolen,
FinanzRat des ErzBischofs von Sens; damals der treuste Sklave de
Despotismus, und der, nachdem er sich mit dem Blute der Un-
glücklichen bereichert hat, noch oben drein will, daß man, ihm zu
Gunsten, die Vorzüge – *rangs* – vernichte, welche allein das Geld
nicht verschaffen konnte.

Ein Gouy d'Arcy, der selbst in dieser verächtlichen Versammlung, der Verachtung nicht hat entgehen können.

Ein Marquis de la Cote, ein verächtlicher Intrigant in Holland, und einer der vornemsten Ursachen der Schande, die wir bei

den Händeln dieses FreiStats eingelegt haben.[105] Unfähig, sich bei
hellem Lichte zu zeigen; dessen Witz nur Falschheit, dessen Ge-
sichtsBildung nur ein *rire niais* ist, dessen Talent nur in der Kunst
zu schweigen besteht, dessen Mut nur in der Dunkelheit machinirt.
Seine Stärke ist die des Basilisken in der Fabel, dessen Gifft tödlich
war, wenn man ihn nicht entdeckte, den man aber nur anblicken
durfte, um ihm den Garaus zu machen. <99>

Ein Graf de Crillon, dessen QuerKopf beinahe zum Sprich-
wort geworden; der sich einbildet, neue Ideen zu haben, weil sie
falsch sind; der sich immer, seiner glücklichen Entdeckungen freut,
und daher diese liebenswürdige Satisfaction mit sich selbst, die für
das Publicum nichts als das Zutrauen des Dummdreisten zu sich
selbst ist, überall merklich macht. Da ihn, ich weiß nicht was für
ein philosophische Manier beherrscht; so ist für die Warheit, was
ein Stutzer aus der Provinz für die Mode ist, und meint nicht eher
völlig nach derselben zu seyn, als bis er vollkommen lächerlich ist.
Endlich auch ein ungeschickter *champion* von Hrn. Necker; seine
lästige Freundschaft weiß nicht, daß man seinen Freunden ser
schlecht dient, wenn man dadurch andre verdrießlich macht; und
daß, wenn es überhaupt Mut verrät, wenn man sie verteidigt, bei
Pinseln das *point d'honneur* blos darin bestehen muß, daß sie mit
Respect und in der Stille anbeten.

Die Noailles, die, nachdem sie mit den Woltaten unsrer
Könige überhäuft worden, nachher ihre Verfolger geworden sind,
wie sie sahen, daß durch Undankbarkeit mer zu gewinnen sei, als
durch Dankbarkeit.

Ein Chapellier, verflucht von seinem Vatcr, verachtet als
Advocat; one ausgezeichnete Talente, one Grundsätze; der Böses
tut, weil er der Gegensatz vom Guten ist; der genötigt ist, seine Mit-
telmäßigkeit unter den wütende Anschlägen zu verbergen, die sein
Geist faßt, die aber seine kotige Seele nicht einmal versuchen kan
auszufüren.

---

[105] »Wo die Herren Vauguyon, Verac, Rayneval, de la Cote etc. alle sin der Welt
taten, die Assemblée Nationale hollandoise allmächtig, und den ErbStatthalter zu
Nichts, zu machen: alles auf Befel des damaligen französischen Ministerii. *Nemesis
divina*, oben S. 52. – S. «

Ein Reubell, ein Lavit, ein Buzot, ein Herzog d'Aiguillon, ein Coroller, ein Biozat etc. etc. etc. Doch ich besudle meine Feder zu ser mit diesen nichtswürdigen Namen, die nur das Andenken von Rasereien und Niederträchtigkeiten erneuern, und die man, wie den Henker nicht anders aufrufen kan, als wann Blut zu vergießen ist.

Was sollen wir von solchen Menschen erwarten? Vergeßt die Rede des Königes nicht, wie er eure unglückliche Walen erfur: was hätte die Nation gesagt, wenn ich <100> die Notables, oder mein Conseil, so formirt hätte? Schickt doch treue Commissarien aus, die es selbst mit ansehen, was sie sich für Mühe geben, die öffentliche Sache zu verderben; durch welch Rasereien sich diese Versammlung prostituirt; durch welche Intriguen diese Galerien nur mit verkauften Mannsleuten, oder mit Weibern, denen der Kopf verrückt ist, angefüllt sind. Merkt euch, daß ihr sonst nicht hinter die Warheit kommt: sie haben sich aller Mittel bemächtiget, die sie euch zubringen könnten. Die so stark reclamirte PreßFreiheit ist nicht für den, der euch aus dem Traum helfen könnte: es würde dem Auctor, dem Drucker, den Colporteur, das Leben kosten, der es wagen wollte, euch die Warheit zu sagen. Aber urteilt wenigsten aus den Folgen; was seid Ihr, seit dem sie euch regiren, und das waret Ihr vorher? Erinnert euch, was ihr ihnen für Ordres gegeben, wie wenig sie daraus gemacht haben; und sprecht, welche Strafe verdienen Leute, die euch mitten in die Anarchie hineingeworfen, die ihre Eide gebrochen, die alle eure Hoffnungen zernichtet, und die dadurch, daß sie alle Grundsätze angegriffen, euch in einen Abgrund gestürzt haben, one nur ein Mittel, wieder herauszukommen, übrig zu lassen?

Doch ich irre mich, es gibt Ein Mittel: aber es hängt blos von Euch ab. Ruft diese unwürdige Repräsentanten zurück, die sich erfrecht haben zu behaupten, die noch alle Tage behaupten, eure Ordres bänden sie nicht. Ruft sie zurück, und schickt, statt ihrer, weise und aufgeklärte Männer. Nur dürfen eure Walen nicht mer mitten unter den Intriguen gemacht werden. Sagt den neuen Deputirten, wie das alte Rom in allgemeinen Nöten seinen Consuln:

caveant, ne quid republ[ica] detrimenti capiat[106]. Dies sei ihre ganze
Sendung, nur müßen sie eurer Tugenden würdig seyn.

Noch ist das Schicksal von Frankreich in euren Händen.
Eure Walen haben das Unheil angerichtet, eure <101> Walen
müsse es wieder gut machen. Denket doch, wie nichtswürdig wäre
es von euch gehandelt, wenn Ihr, nach allem dem, was Ihr gegen
den Despotismus getan habt, die dümmste von allen Arte des Despotismus leiden wolltet – den, den ihr mit Einem Work zerbrechen
könnt, und der nur in Euch selbst das Recht, euch zu unterdrücken,
finden kan.

---

[106] = „Die Konsuln sollen sehen, daß der Staat keinen Schaden nimmt." – Die
Formel, mit der die Konsuln den Notstand in Rom ausrufen konnten.

1790 J.-J. Mounier[107]: »Der 5te und 6te October 1789 in Versailles und Paris«[108]

21 Der 5te und 6te October 1789 in Versailles und Paris: fälschlich die zwote Revolution genannt

---

[107] Fundstelle: (Schlözer, Stats-Anzeigen XIV, 1790, S. 184 ff) – Jean-Joseph Mounier (* 12. November 1758; † 26. Januar 1806 in Paris), Richter, war ein Politiker während der Französischen Revolution. Er amtierte vom 28. September bis 10. Oktober 1789 als Präsident der Konstituante. Mounier zog sich noch im Oktober 1789 nach Grenoble zurück und floh im Mai 1790 in die Schweiz. – Er kehrte 1801 nach Frankreich zurück und wurde 1802 von Napoleon Bonaparte zum Präfekten des Départements Ille-et-Vilaine ernannt. 1804 wurde Mounier in die Ehrenlegion aufgenommenen und 1805 zum Staatsrat bestimmt.

[108] »Ein authentischer Bericht von dem damaligen Präsidenten der Nationalversammlung, Hrn. Mounier, der unter der Aufschrift ›*Faits relatifs à la derniere insurrection*‹ – 40 Seiten –, den 2ten Teil seines ›Exposé‹ (Mounier, 1789) ausmacht. So gut ist es der WeltGeschichte lange nicht geworden, daß sich 1. von einer der größten und gräßlichsten Begebenheiten des Jarhunderts, 2. von der bereits so viel gelogen worden war, 3. schon wenige Wochen nachher, 4. ein Geschichtschreiber gefunden, der nicht nur Augenzeuge, sondern eine HauptPerson bei dem Vorfall gewesen, und 5. eine genaue, umständliche, und im höchsten Grad zuverlässige Nachricht davon, 6. nicht in einer geheimen, erst nach Generationen zu eröffnenden Denkschrift, sondern in einem öffentlicher Exposé, im Angesichte des großen *Publici*, mit Vorsetzung seines Namens, gegeben hätte. Das kalte Blut, mit dem der Verf. die schauderichen Auftritte erzält, ist one Beispiel; und auch der Vollständigkeit seines Berichte felt nichts, als der Anteil, den der H. v. O* an dem ganzen Tumult hatte: dies wird erst die Zukunft besser aufdecken. Uebrigens ist Hr. Mounier nichts weniger, als von der HofPartei: vielmer sind, nach seinem eigenen Geständnisse, seine und Hrn. Mirabeaus Anträge und Vota die HauptUrsachen aller der mutigen Anfälle gewesen, die seit der *Séance royale* vom 23. Jun. bis zum 14. Jul., auf den sterbenden Despotism geschahen. Also, die Revolution selbst segnete er, und beförderte sie tätig; aber die Excesse dabei, vom 14. Jul. an, und vorzüglich das zur HauptSache ganz unnötige scheusliche Nachspiel vom 5. und 6. Oct. verwünscht er. – S. «

Excidat illa dies aevo[109]

<185>
1. Man will noch ein Regiment nach Versailles kommen lassen. Mirabeaus Antrag hiebei, 21. Sept.

Die Tatsachen, die ich jetzo meinen Committenten darstellen will, werden ungleich wichtiger seyn[110]. Hier fängt die Kette der Begebenheiten an, die die letztere Krise hervor gebracht haben.

Ungeachtet dessen, daß einer der HauptAufrürer vom Palais Royal in Verhaft genommen war, und ungeachtet der Proklamationen und der Wachsamkeit der Gemeinde, und des tätigen Eifers des Hrn. de la Fayette, wurden oft beunruhigende Nachrichten von Paris hieher [=Versailles] geschickt. Bald hieß es, daß man hieher kommen, und den König aufheben <186> wolle; bald, daß die von der Stadt Paris besoldete Miliz nach Versailles wolle, um die Wache beim Könige zu verrichten.

In diesem Zustande der Anarchie, wo alles leicht wurde, nur das Gute nicht, hatte der König nur unzulängliche Truppen zu seiner Sicherheit. Der schreckliche Frevel war unter seine und der Repräsentanten der Nation Augen ausgebrochen[111]. Der Minister, der für nötig hielt, ein Regiment Infanterie nach Versailles kommen zu lassen, befragte den Magistrat – *municipalité* – darum; dieser befragte sich wieder beim *comité militaire* der BürgerGarde. Das *Comité* verlangte eine Verstärkung von regulairen Truppen; nun willigte der Magistrat ein, daß ein Regiment einrücken sollte, welches schwören, und unter dem Befelen des Commandanten von der

---

[109] aus: Papinius Statius, Protrepticon ad Crispinum, v.88.

[110] »Nämlich diejenigen, die er in dem ›Exposé‹ erzälet hatte, und die die Debatten vom 16. Jun. bis 17. Sept., zuletzt über das *Veto indéfini* oder *suspensif*, betrafen. – S. «

[111] »Ein Frevel ward in Versailles begangen, dessen gleichen kein JarBuch aufweist. Ein VaterMörder wurde dem BlutGerüste entrissen und im Triumph durch eine Rotte wütender Leute herumgefürt, die sich die Nation nannten, und die in eben dem Augenblick eine unschuldige Frau henkten. – Mounier«

BürgerMiliz stehen sollte. Diese Nachricht verbreitete eine große Traurigkeit unter einigen Leuten. Indessen schienen 1,000 Mann Truppen eben nicht viel Furcht wegen der öffentlichen Ruhe des Königreichs, und der Unabhängigkeit der Nat. Versamml. einjagen zu müssen.

Diejenige, die sich am meisten vor der Anarchie fürchteten, und glaubten, daß die StimmFreiheit Stille und öffentliche Ruhe brauche, waren weit davon, vor der Ankunft eines Regiments, bange zu seyn.

In der Sitzung vom 2. Sept. behauptete der Hr. Graf de Mirabeau, daß die vollziehende Macht das Recht habe, die *force armée* an solchen Orten, und in solchen Augenblicken zu vermeren, wo ihr besondre erhaltene Nachrichten, und dringend Umstände, diese Masregel zu <187> reclamiren schienen, daß sie aber das Gesetzgebende Corps sogleich davon benachrichtigen müsse[112]. Er verlangte, daß das Schreiben des Ministers, und das *réquisitoire* des Commandanten von der Garde von Versailles, der Nat. Versamml. mitgeteilt würden: doch dieser Antrag ward verworfen, ob ihn gleich einige Mitglieder unterstützten.

2. Ob der König als ein Teil des Gesetzgebenden Corps anzusehen sei; ob die Gesetzgebende Macht in den Händen der Nation sei; Sept. 22, 24.

In der Sitzung vom 22. Sept. beschäftigte man sich unterdessen, da man auf die Arbeit des neuen *Comité* wartete, mit einem Teil des Plans, den ich im Namen des alten *Comité* vorgelesen hatte: man nam dabei verschiedene Artikel über die Grundsätze der Monarchie vor. Eine Aenderung, die bei einem der Artikel beliebt worden war, ging dahin, daß der König als ein Teil des Gesetzgebenden Corps angesehen werden solle; diesen Grundsatz hatte das alte *Comité* in den OrganisationsPlan dieses Corps eingerückt. Diejenige, die solchen nicht erkannten, sahen mit Verdruß, daß er

---

[112] »Siehe dessen Journ., Num 44. – M. «

durchgehen würde, und die Sitzung endigte sich auf eine ser stürmische Weise.

In der Sitzung vom 24sten, schlug ein Deputirter vor, man solle declariren, daß die Gesetzgebende Macht in den Händen der Nation residire. Als der Hr. Graf de Mirabeau sah, daß dieser Artikel von einer großen Menge der Herrn verworfen wurde, schrie er mit seiner gewönlichen Energie: er erkläre alle diejenige, die sich dem Vorschlag des Hrn. widersetzen würden, für StatsVerräter. One mich vor diesem vom Hrn. de Mirabeau gegebenen Titel zu fürchten, bestieg ich die Tribüne, und sagte: Die *déclaration des droits* habe diese große Warheit schon consacrirt; der Grund – *principe* – aller *Souveraineté* gehöre der Nation; <188> in dem Verstande aber gehöre nicht blos die Gesetzgebende Macht, sondern auch alle übrige Mächte, der Nation; da diese sie nicht selbst ausüben könne, so müsse sie solche übertragen; nach geschehener Uebertragung müsse man sie da anerkennen, in deren Händen sie wären; nun residire ja die Gesetzgebende Macht augenscheinlich in der Vereinigung der Repräsentanten der Nation, mit Concurrenz des Monarchen. – Man ward über diese Bemerkung frappirt, und wollte nicht mer declariren, daß die Gesetzgebende Gewalt in den Händen der Nation residire. Aber eines der Mitglieder schlug vor, man solle declariren: die Gesetzgebende Gewalt residire in der Nationalversammlung, die solche auf folgende Art ausübe. Dieser Zusatz ward durch Zuruf, one die geringste weitere Discussion, angenommen. Er hat das Unschickliche, daß er die Disposition eines vorher gehenden Artikels verdunkelt und über einen sonst ser gewissen Grundsatz Ungewißheit bringt, diesen nämlich, daß der König als Haupt der Nation, und zu notwendiger Folge seiner Function, ein integrirender Teil des Gesetzgebenden Corps ist. Um falsche Ideen zu geben, braucht man nur einige scientistische und mysteriöse Worte, die man unrecht auslegt: und wenn man dereinst, in der Meinung der Franzosen, die königl. Autorität von dem Gesetzgebenden Corps gänzlich trennen, und sie blos für die ausübende Macht ansehen wird; so wird man sich bald angewönen, zu glauben, daß das Haupt und der immerwärende Repräsentant der

Nation, weiter nichts als der Vollstrecker – *agent* – der WillensMeinungen der übrigen Repräsentanten ist[113]. <189>

3. Mounier wird Präsident, Sept. 28. Die Anname des Neckerschen Plans wird verschoben. Der König soll acceptiren, 1. Oct.

In der Sitzung vom 26. Sept., declarirte die Nat.Versamml., sie neme den vom Ersten FinanzMinister vorgeschlagenen Plan, zur Contribution des 4ten Teils aller Einkünfte, *de confiance* an.

Die dringenden Geschäfte, die die SonnabendsSession vom 26sten beschäftiget hatten, hatten nicht verstattet, den Abend einen neuen Präsidenten zu ernennen: diese Ernennung ward auf den Montag Morgens den 28. Sept. verschoben; und weil man sich eine Stunde vor der Sitzung einfinden mußte, so felten ser viele Deputiere und vorzüglich viele von den Mitgliedern der Geistlichkeit und des Adels. Bei 600 Votanten bekam ich 365 Stimmen; aber meine gute Freunde, die PamphletSchreiber – *follicilaires* – ermangelten nicht zu sagen, mich hätte die Geistlichkeit und der Adel ernannt, und meine Ernennung als das Werk der Aristokratie anzukündigen[114].

Sobald man meine Ernennung erfur, sagte man, man bereite mir einen glorreichen Sturz zu. Verschiedene Zeugen kamen zu mir, und hinterbrachten mir diese Weissagung als ganz gewiß.

---

[113] »Hr. de Mirabeau erkennt ebenfalls in seinem Journal, Num. 45, man hätte declariren sollen, daß die Gesetzgebende Macht, *conjointement & collectivement* mit dem Könige in der Nat.Versamml. residire. – M. «

[114] »Der Verf. der ›Revolution de France‹, sagt Num. XIII, die aristokratische Faction habe mich auf den PräsidentenStul gehoben. Er setzt hinzu, unter 6 Million-Menschen, die meinen Namen kännten, sähen mich 5,999,999 als dem Hof verkauft an. Und mit einem Widerspruch, der dieser Autor, und derer, die dergleichen Blätter mit Lust lesen, würdig ist, sagt er, mir blieben doch noch Anhänger übrig; diese letzteren und meine Feinde schölten sich wechselsweise Aristokraten. Am Ende gesteht er, er wisse nicht, ob man über mich, oder über das Vaterland, Thränen vergießen müsse. Ich weiß nicht, was ihn bewogen haben mag, mir den Titel *ancien-Procureur* zu geben; einen Titel, den ich nie gefürt habe. – M. {siehe oben, Heft 48, S. 502.} «

Ein andrer sagte sogar zu dem vorherigen <190> Präsidenten, M. de Tonnerre: entfernen Sie sich nicht, er wirds nicht lange machen.

Hätte ich die Stelle nicht angenommen, so hätte dies ausgesehen, als wiche ich vor den Drohungen meiner Feinde zurück. Dieser Gedanke bestimmte mich; und ich kan wol sagen, daß ich mit so vieler Standhaftigkeit und Unparteilichkeit präsidirt habe, daß ich selbst den Beifall derer, die über meine Ernennung am meisten misvergnügt geschienen hatten, erzwang. Das Reglement verbeut dem Präsidenten das Discutiren: er darf nicht sprechen, als blos um die Ordnung und den Sinn der Fragen zu fixiren. Folglich konnte ich, wärend meiner ganzen Präsidentschaft, nichts als das *organe passiv* der WillensMeinungen der Versamml. seyn.

Obschon Hr. Neckers Plan bereits *de confiance* angenommen war; gleichwol, wie dieser Minister den 1. Oct. hereingekommen war, um ein seinem Plan gemäßes Decret vorzuschlagen, so meinte man, daß ehe man solches schließlich annäme, der König die bereits redigirten Artikel der Constitution, samt der Declaration der Rechte, acceptiren müßte. Diesmal also, glaubte man nicht, daß die blose Promulgation hinlänglich wäre.

Verschiedene Deputirte bemerkten, daß, da die öffentlichen Bedürfnisse ser dringend wären, und man gleichwol die Anname des Neckerschen Plans bis nach der Genemigung des Königes verschieben wolle, diese Genemigung alsdann nicht mer frei seyn würde; außerdem würde auch der König, der nicht alle Artikel der Constitution vor seinen Augen hätte, nicht genau von ihnen urteilen können, weil er sie nicht im Ganzen kenne; und foderte man ihm in den jetzigen Umstanden die Genemigung ab, so hieße das so viel, als one Untersuchung entscheiden, daß er kein Recht habe, Veränderungen vorzuschlagen. – Dem allen ungeachtet entschied die Versammlung, und trug mir auf, dem Könige die bereits redigirte Artikel zu präsentiren. <191>

4. Unkluge Fete des Garde-du-Corps in Versailles, 1. Octobr.

An eben dem Tag, Donnerstags den 1. Oct., ereignete sich ein kleiner Vorfall, der einige Tage nachher große Folgen hatte. Ich muß ihn erzälen; aber um alle seine Folgen gehörig zu schätzen, muß ich zu einigen vorherigen *details* zurücke gehen.

Ich habe schon gesagt, daß die Einrückung des Flandrischen Regiments, die Freund der Anarchie gewaltig in Allarm gebracht zu haben schien. Man hatte sich Mühe gegeben, das Volk gegen dieses Regiment einzunemen; von allen Seiten her brachen darüber Klagen und Gemurmel aus; und in den Strassen von Versailles hörte man laut sagen, es sei schändlich für die Einwoner, daß sie Fremde in ihre Stadt ließen. Auch Paris meinte berechtiget zu seyn, sich über diesen Anwachs der Truppen zu beschweren.

Indes ging der Tag, wo das Regiment ankam, one alle Unordnung hin; die MagistratsMitglieder, viele *Gardes-du-corps*, und die Officire von der Versailler BürgerMiliz, waren ihm entgegen gegangen. Es legte den Eid in Gegenwart einer unermeßlichen Menge von Zuschauern ab; aber hie und da hörte man unter diesem Haufen Ausdrücke des Misvergnügens, und heftige Vorwürfe über das Betragen des Magistrats.

Diejenige, die mit dem Einrücken des Regiments von Flandern unzufrieden waren, entschlossen sich bald, alle Mittel anzuwenden, um in demselben eben den Abfall zu veranlassen, der bei den Soldaten so vieler andern Regimenter gelungen war. Feine LustDirnen – *Courtisanes* –, wurden in großer Menge herbeigerufen; Unbekannte boten GeldSummen an; merere Soldaten fingen an, zu wanken, und die farbigte Cocarde aufzustecken, die bei ihnen das Zeichen zum Ausreissen oder einer nahe bevorstehenden *insubordination* war. Die guten Bürger kamen darüber in die größte Unruhe, <192> und besonders wurden die *Gardes-du-Corps* darüber äußerst alarmirt.

Diese *Gardes-du-Corps*, die jeden Tag von neuen Drohungen gegen die Sicherheit des Königs und die königl. Familie hörten, und fast alle Nächte sich fertig halten mußten, augenblicklich aufzusitzen, waren entschlossen, sie mit dem größten Mut zu verteidigen; aber sie wollten dem Könige gern auch noch andere Verteidiger erhalten, und rechneten auf den Beistand des Regiments Flandern. Die *Gardes-du-Corps* waren keine Feinde der Freiheit, wie man von ihnen ausgesprengt hat; an dem Tage der *Séance royale* hatten sie Beweise von ihrem Patriotism gegeben. Und seit der ersten Deputation nach Paris, hatten sie der Nat.Versamml. eine EhrenWache angeboten. Was sie aber am meisten bewog, daß sie dem Könige gern neue Beweis ihres Eifers geben wollten, war, weil ihnen von Mereren vorgeworfen worden war, sie hatten sich die Umstände zu Nutze gemacht, und dem Könige Aenderungen in ihrer Disciplin abgefodert. Nun in der Hoffnung, das Regt. von Flandern, und die BürgerMiliz von Versailles, der Person des Königes zu attachiren, gaben sie den 1. Oct., den Officieren dieses Regts, und denen von der BürgerMiliz, ein Tractament in dem SchauspielSal des Schlosses. Zu Ende der Malzeit traten die Grenadiere dieses Rgts, und ein Teil der Jäger, in den Sal. Man trank auf die Gesundheit des Königes und der königl. Familie; und in einem Augenblick der Freude und des Enthusiasmus, wiederholte man die Zusicherungen der Ergebenheit und Treue für die Person des Königes, der mit der Königin und dem Dauphin ankam. Ihre Gegenwart erhitzte die Köpfe immer noch mer.

Unläugbar war eine solche Fete ein große Unklugheit. Fete in den trübseligsten Zeiten geben, hies so zu sagen das Elend des Volkes insultiren. Aber das war nicht die einzige <193> Unklugheit; man beging noch eine andere, und lies die Arie spielen:

O Richard! O mon Roi!
L'univers t'abandonne.[115]

---

[115] *Ô Richard! Ô mon roi!* est extrait de l'Opéra-comique ›Richard Cœur de Lion‹ (1785). Cet air, chanté dans le premier acte, parle autant de royauté que de loyauté: De retour de la Troisième croisade, le roi Richard Cœur de Lion est retenu emprisonné dans le château de Linz. Blondel, son serviteur fidèle, déguisé en troubadour aveugle, va tenter de le libérer.Ce sujet en fit un chant de ralliement des royalistes pendant la Révolution. Il fut joué en particuliers le premier octobre 1789 à

Man parodirte das Stück, man stieg auf die Loge des Königs, und begleitete ihn bis in sein Zimmer. Alle diese Handlungen militärischer Trunkenheit, kamen zweifelsone davon her, daß man dem König gerne zeigen wollte, daß man alles in der Welt tun würde, ihn zu verteidigen, wenn er angegriffen würde: denn wer konnte denken, daß man 600 *Gardes-du-Corps*, und Ein Regiment, das unsinnige Projet gefaßt hätten, uns wieder unter das Joch des Despotismus zu beugen? Aber man hätte voraussehen sollen, wie leicht man, bei dermaligen Umständen, dieses Betragen gehässig auslegen, und den Pöbel aufbringen könnte, auf den die Eindrücke des Schreckens und des Mistrauens immer große Wirkung tun.

War ists ferner, daß um die Soldaten zu ihren Fanen zu versammeln, und sie zu verhintern, ein Farbe zu wälen, die für sie eine Losung zum Abfall war, man schrie: es lebe die weisse Cocarde! Bekanntlich war das immer die Farbe der französischen Truppen. Man verbraucht Bänder und TaschenTücher, um solche Cocarden zu machen. Aber nach angestellten sorgfältigsten Nachforschungen, glaube ich versichern zu können, daß man die Pariser Cocarde nicht mit Füßen trat, wie man es im *Publico* verbreitet hat, und daß man sich keine Verwünschung gegen die Nat.Versamml. erlaubte. Sollten Einzelne unter dem Haufen diese tolle Verwegenheit begangen haben: so kan man sie doch zuverlässig, unmöglich den *Gardes-du-Corps* zuschreiben; denn öffentlich würde sie nicht statt gehabt haben, und die allerwenigsten der Anwesenden würden sie gehöret haben. Auch ist schlechterdings nicht zu läugnen, daß dies Fete keinen *but anticitoyen* gehabt habe: die BürgerMiliz war ja dazu mit eingeladen, eine ser große Menge <194> Zuschauer von allerhand Rang waren ja dabei zugelaßen worden.

Versailles, lors d'un banquet organisé en l'honneur de l'arrivée d'un nouveau régiment, celui de Flandres. Les bruyantes démonstrations de fidélité monarchique qui ont suivi provoquèrent la colère de la capitale et conduisirent Marat, Danton et Desmoulins à appeler pour marcher sur Versailles. Louis XVI et la reine Marie-Antoinette furent contraints de quitter Versailles dans la semaine qui suivit. Par la suite, une version adaptée aux circonstances circulait dans les milieux royalistes avec pour titre « O Louis, ô mon roi » (1791) – nach: http://corpsyphonie.free.fr/wiki/pmwiki/Chant/O-Richard-o-mon-roi.

Die *détails* von dieser Fete verursachten noch ein großes Gemurmel. Alle Bürger scholten einstimmig auf die dadurch begangne Unklugheit: aber nicht alle gaben denen, die solche veranstaltet hatten, dabei criminelle Absichten schuld. Diejenige, die sie für unschicklich hielten, hätten die Nat.Versamml. vermögen sollen, ihre Beschwerden darüber beim Könige anzubringen, und ihn zu bitten, die nötigen Befele zu geben, damit dergleichen Scenen nicht wiederholt würden. Ganz gewiß wäre diese Vorsicht hinreichend gewesen, all Folgen derselben, die man befürchtete, abzuwenden. Wären einig indiscrete Reden gefallen; so konnte man verlangen, daß die Chefs Befel erhielten, sie zu strafen. Aber die Feinde des öffentlichen Friedens wollten diesen Vorfall noch weit stärker nützen. In der Nat.Versamml., bei ihren Sitzungen am 1., 2. und 3ten Oct., sprach nicht ein einzige Mitglied von diesem SoldatenTractament.

5. Der König acceptirt, aber nur bedingt, 5. Oct. Mirabeau will wegen jener Fete die Königin denunciren!

Den 2. Oct. hatte ich die Ehre, mich um König zu begeben, und ihm die decretirten Artikel der Declaration der Rechte und der Constitution zu präsentiren. Se. Maj. antwortete, er werde so bald als möglich der Nat.Vers. seine Gesinnungen kund tun. Diese Gesinnungen aber – ein ser wichtiger Umstand – würden nicht eher, als Montags darauf, den 5. Oct., kund gemacht.

Man erfur ser bald, daß die Fete der *Gardes-du-Corps* ein großes Gemurmel in Paris erregte; daß solche dem Volke als criminell vorgestellt worden; und daß man, um das Volk noch mer aufzubringen, allerhand Lügen ersonnen hatte, die die *Gardes-du-Corps* noch strafbarer machen sollten. <195>

Die Montagssitzung vom 5. Oct. fing damit an, daß man die Antwort des Königes verlas. Bekanntlich verwilligte der König durch diese Antwort seinen Beitritt zu den ConstitutionsArtikeln; jedoch

> *à une condition positive, que le pouvoir exé-*
> *cutif auroit son entier effet entre ses mains.*

Er fügte hinzu, daß, wenn er diesen verschiedenen Artikel
seine Beistimmung gäbe, es nicht deswegen geschähe,

> *qu'ils lui présentassent tous, indistincte-*
> *ment, l'idée de la perfection;* sondern *qu'il*
> *étoit louable en lui d'avoir égard au voeu pré-*
> *sent des députés de la Nation et aux circons-*
> *tances alarmantes qui invitoient à vouloir,*
> *pardessus tout, le prompt retablissement de*
> *la paix, de l'ordre et de la confiance.*

Endlich erkannte Er, daß die Declaration der Rechte recht
gute Maximen enthielte; aber da solche verschiedener Auslegungen
fähig wären, so wäre es unnütz sie zu approbiren, ehe man die Gesetze kännte, die sie erklären müßten.

Mit dieser Antwort schien ein Teil der Deputirten zufrieden zu seyn; aber andre veranlaßte sie zu den heftigsten Reclamati-
onen. Blos im Laufe dieser Discussion censurirte man zum ersten
mal die Fete der *Gardes-du-Corps*, d. i. dasjenige, was 4 Tage vorher geschehen war. Als ein Deputirter angemeldet hatte, daß man
bei dieser Fete verschieden grob beleidigende Reden gegen die
Nat.Vers. gehört habe: fragte ihn jemand, ob er eine Denunciation
machen wolle? Sogleich widerte Hr. de Mirabeau: Wenn man erkannt haben wird, daß im State alles, nur den König ausgenommen,
Untertan ist; so will ich selbst denunciiren. Der Sinn dieser Worte
des Hrn. M. war wol leicht zu begreifen. Unter den meisten derer,
die auf den Galerie waren, würde diese Denunciation bald als eine
ausgemachte TatSache angesehen worden seyn; denn bekanntlich
ist es ser leicht, beim gemeinen Volke blosen Verdacht in Realität
zu verkeren. Und was würde die schreckliche Folge einer solchen
Denunciation an diesem <196> fatalen Tage gewesen seyn, wo die

Pariser in Haufen nach Versailles liefen, um Rache zu üben? ... Ich antwortete als Präsident, ich würde die Ordnung des Tag nicht unterbrechen lassen, und kein Mitglied dürfte sich eine einzige Reflexion erlauben, die sich nicht auf die Antwort des Königes bezöge. Durch diesen *Acte de prudence* habe ich vielleicht eine der schrecklichsten Katastrophen abgewandt.

6. Von Paris ziehen 40,000 Menschen an. Der König soll *purement & simplement* acceptiren. Audienz der Nat.Versamml. bei den Pariser Weibern, 5. Oct.

Zwischen 11 und 12 Ur kam ein Deputirter, und sagt mir, es zögen 40,000 Menschen von Paris an, und man müßte die Beratschlagung beschleunigen. Ich antwortet, kein BewegGrund könne mich vermögen, eine so wichtige Beratschlagung zu übereilen. Bald verbreitete sich diese Nachricht in dem Sal.

Um ½ 4 Ur ward beschlossen, daß sich der Präsident mit einer Deputation zum Könige verfügen, und ihn bitten sollte, ein *acceptation pure & simple* zu geben.

Ich wollte eben die Sitzung aufheben, als man mir meldete, es hätten sich merere male Weiber, die von Paris angekommen wären, vor der Pforte des Sals gezeigt; sie verlangten vor den Schranken gehört zu werden, und sie wollten die Wachen zwingen, sie herein zu lassen. Ich benachrichtigte die Versammlung von ihrer Foderung, und es ward beschlossen, ihnen den Eintritt in den Sal zu erlauben. Sie erschienen in großer Menge, und hatten 2 Kerls vor sich her; der eine von diese sagte: diesen Morgen habe man kein Brod bei den Beckern angetroffen; in einem Augenblicke der Verzweiflung sei er, der Soldat bei den französischen Garden gewesen, hingegangen, und habe Lerm geschlagen; man habe ihn arretirt, habe ihn henken wollen, er verdanke aber sein Leben den Damen, die ihn begleiteten. Er setzte hinzu, sie wären nach Versailles <197> gekommen, um Brod zu fodern, und zu gleicher Zeit die *Gardes-du-Corps* zu bestrafen, welche die patriotische Cocarde insultirt hätten; sie wären gute Patrioten; sie hätten alle schwarze Cocarden

weggerissen, die ihnen in Paris und unterwegs vorgekommen wären. Indem zog er eine aus seiner Tasche heraus, und sagte, er wolle
das Vergnügen haben, solche vor den Augen der Versammlung zu
zerreissen: dies tat er auch. Sein Compagnon setzte hinzu: wir wollen alle Menschen zwingen, die patriotische Cocarde aufzustecken.
Ueber diese Ausdrücke erhob sich ein Gemurmel, das Unzufrieden-
heit anzeigte. Er fur fort: *quoique vous en disiez, nous sommes tous
freres.* Ich antwortete, kein Mitglied der Versammlung würde läugnen, daß sich alle Menschen wie Brüder ansehen müßten; das Gemurmel wäre blos darüber hergekommen, daß er gedrohet hätte, er
wolle die Leute zwinge die Cocarde aufzustecken; irgend jemand zu
zwingen, habe er kein Recht, und mit der Nat.Versamml. müsse er
mit Respect sprechen. Er sagte zuletzt: die Aristokraten wollen uns
Hungers sterben lassen; heute hat man einem Müller ein Biller von
200 Livres zugeschickt, und ihn gebeten, nicht zu malen, ihm auch
versprochen, man wolle ihm jede Woche so viel schicken. An der
Versammlung erscholl ein *cri d'indignation,* und von allen Selten
des Sals rief man dem Kerl zu: *nommez.* Ich ersuchte ihn, den Ver-
brecher zu nennen, und versicherte ihn einer eclatanten Justiz. Aber
beide Sprecher stockten: zuletzt erzälten sie, sie hätten Damen in
einem FurWerk angetroffen, und solche genötigt abzusteigen;
diese, um ihren Weg fortzusetzen zu dürfen, hätten ihnen erzält, ein
Pfarrer habe dieses Verbrechen bei der Nat.Versamml. denun-
ciirt[116]. Sie setzten <198> nachher noch hinzu: man sagt, das sei der
Hr. ErzBischof von Paris. Ein jeder drängte sich, ihnen zu antworten, der Hr. ErzBischof sei keiner solchen *atrocité* fähig[117].

Nun fing der ganze Trupp auf einmal zu reden an, und
foderte Brod für die Stadt Paris. – Ich sagte, die Versammlung sehe

---

[116] »Wirklich hatte ein geistlicher Deputirter, mitten in seiner Rede über die Antwort des Königes, von dieser TatSache gesprochen, hatte aber keinen Beweis gegeben, und niemanden mit Namen genannt. – M. «

[117] »Es ist unbegreiflich, doch was für Mittel man einen so tugendhaften Prälaten,
der so ser Freund der Armen und so bereit ist, alles für den lieben Frieden hinzu-
geben, bei dem Pariser Pöbel so verhaßt machen können. War er es doch, der um
die gegen die Geistlichen erregte VolksAufbrausung zu dämpfen, sich erboten hat,
in die Unterdrückung der Zehenden einzuwilligen; war er es doch, der nachher das
SilberGeräte der Kirchen offerirte. – M. «

mit Schmerzen den BrodMangel, der die HauptStadt drückte, und
der davon herkäme, daß man die Circulation des Getreides gehem-
met hätten; sie habe nichts versäumt, um die Verproviantirung der
Stadt Paris durch ihre Decrete zu erleichtern; auch habe der König
alles mögliche getan, die Vollziehung dieser Decrete sicher zu stellen; man sinne auf neue Mittel, dem Mangel zu steuern; durch ihr
Verweilen in Versailles aber würde sicher nicht aufhören; man
müsse die Versammlung sich in Ruhe mit diesen wichtigen Sorgen
beschäftigen lassen; und ich ermane sie, daß sie sich im Frieden, one
ein Gewalttätigkeit zu begehen, retiriren sollten. Sie schienen mit
meiner Antwort nicht zufrieden zu seyn, und sagten: *cela ne suffit
pas*, one sich weiter herauszulassen.

Ein Mitglied der Versammlung sagte, man müsse eine Deputation an den König schicken, um ihm die unglückliche Lage der
Stadt Paris zu wissen zu tun. Dieser Vorschlag ward genemiget. Der
ExPräsident, Hr. Bischof von Langres, nam den LenStul ein. Ich
machte mich auf den Weg, an der Spitze dieser Deputation. Sogleich umzingelten mich die Weiber, und sagten, sie wollten <199>
mich zum Könige begleiten. Ich hatte viele Mühe, durch vieles Bitten von ihnen zu erhalten, daß ihrer nur 6 mit zum Könige gehen
sollten; dennoch aber lief ein großer Haufe von ihnen in unserm
Gefolge mit.

7. Eine Deputation von beiden geht zum Könige ab, Abends um 6
Ur, die Lage von Paris vorzustellen.

Wir waren zu Fus, im Kot, und es regnete stark. Wie ich
aus dem Sal trat, hatte ich was eignes zu sehen. Ein ansenliche
Menge Einwoner von Versailles stand auf beiden Seiten des Wegs,
der zum Schloß fürte. Die Pariser Weiber formirten verschiedene
attroupements; darunter fanden sich merere Kerls, die meist mit
Lumpen bedeckt waren, wild um sich herum blickten, drohende
Geberden machten, und gräßlich brüllten. Sie waren mit einigen
Flinten, alten Piken, Aexten, mit Eisen beschlagenen Prügeln, oder
großen Stöcken, die am Ende Degen- oder MesserKlingen hatten,

bewaffnet. Mittlerweile patrouillirten kleine Detachemens von den
Gardes-du-Corps herum, und rannten in vollem Galopp mitten
durch das schreiende und brüllende Volk hin. Zu gleicher Zeit erfur
ich, daß 2 oder 3 Canonen, die die Pariser Weiber und die Kerle,
die sie begleiteten, mitgebracht hatten, an dem Eingang von Paris
her aufgestellt wären, und daß die Leute dabei, die Vorübergehen-
den anhielten, und sie fragten, ob sie von der Nation wären? und
sie dann, wenn sie ja sagten, zum Dank dafür zwängen, mit ihnen
bei den Kanonen zu bleiben.

Ein Teil von denen mit Piken, Aexten, und Knüppeln bewaffneten Kerls, näherten sich uns, um die Deputation zu escorti-
ren. Das seltsame und zalreiche Gefolge, das auf die Deputirten eindrang, ward für ein *attroupement* angesehen; einige *Gardes-du-
Corps* rannten dazwischen, wir zerstreuten uns im Kot, und man
kan leicht denken, wie ser darüber unsere Begleiter in Wut kamen,
die <200> mit uns mer Recht sich zu präsentiren, zu haben glaubten. Wir kamen wieder zusammen, und zogen so gegen das Schloß
zu. Auf dem Platze fanden wir die *Gardes-du-Corps*, das Detache-
ment Dragoner, das Regiment von Flandern, die SchweizerGarden,
die Invaliden, und die BürgerMiliz von Versailles aufgestellt. Man
erkannte uns, und empfing uns mit Honneurs. Wir zogen durch
die Linien, und es kostete viele Mühe, den uns folgenden Haufen
abzuhalten, daß er nicht mit uns eindrang. Statt 6 Weibern, denen
ich den Eintritt ins Schloß versprochen hatte, mußte man deren 12
einlassen.

Ich hatte die Ehre, sie dem Könige zu präsentiren, und ihm
die schreckliche Lage der HauptStadt, und die Klagen dieser Weiber, vorzustellen; ich sagte, wir hätten ihnen die Versichrung gegeben, alles mögliche mit Sr. Maj. zu tun, um die GetreideZufuren
nach Paris zu begünstigen; wir hätten sie ermant, sich im Frieden
wegzubegeben, und keine Excesse zu verüben; und bat den König,
der Stadt Paris Hilfe zu leisten, falls diese Hilfe in seiner Macht
stünde. Der König antwortete mit Rürung. Er bejammerte die unglücklichen ZeitUmstände, sie schienen stürmisch zu werden.

Ich bat hieraus Se. Maj., mir eine Stunde gefälligst anzuzeigen, wo Er, wo möglich, heute noch eine andre Deputation

annemen wollte. Der König setzte 9 Ur an. Unterdessen wie Er mit einem der Mitglieder seines Conseils sprach, gab ich mereren seiner Minister, von der Deliberation der Versammlung Nachricht, die mir aufgetragen hätte, den König um seine *autorisation pure & simple* der ConstitutionsArtikel und der Declaration der Rechte, zu ersuchen. Ich stellte ihnen vor, sie müßten, in diesem unruhigen Zustande, der in jeder Minute noch fürchterlicher werden könnte, dem Könige die Verlegenheit einer neuen Deputation ersparen: weil ich als Präsident den Auftrag hätte, die *acceptation pure & simple* ungesäumt zu erhalten, so könnte ich das Ansuchen darum unmöglich aufschieben; das <201> Zaudern würde endlich gefärlich seyn; der geringste Aufschub würde für einen Abschlag genommen werden, und könnte die Pariser wütend machen, die man gewiß sogleich davon benachrichtigen würde: dahingegen wenn mir der König diese *acceptation* verwilligte, so würde man dies dem Volke als eine große Woltat kund machen; dies könnt vielleicht die Gärung vermindern. Dem Könige wurde mein Gesuch hinterbracht: er ging mit seinem Conseil in ein andres Zimmer, und ich ward gebeten, mich noch nicht zu entfernen.

8. Es wird Lermen, und niemand steuert der MordCanaille! Die Königin soll flüchten, sie will aber nicht. Befele und GegenBefele an die *Gardes-du-Corps*, nach 7 U. Um 10 Ur acceptirt der König *purement & simple*.

Von ½ 6 bis ungefär 10 Ur harrete ich in dem Zimmer des Königes. Die neuen Nachrichten, die in jedem Augenblick einliefen, beschäftigten das Conseil, und verzögerten die *acceptation*, die ich mit Ungeduld erwartete, weil ich mich derselben zur Wiederherstellung der Ruhe zu bedienen hoffte.[118] <202>

---

[118] »Wie die *Gardes-du-Corps* längst dem Gegitter des ersten Hofs postirt standen, kam ein Soldat von der Pariser Miliz ganz allein heran, und wollte in den Hof. Um ihn nicht niedermachen zu müssen, lies man ihn in die Glieder hereindringen, denn man wußte, daß das Gegitter zu war. Nun stach er mit seinem Sebel durch das Gegitter nach der Schildwache von den SchweizerGarden, die ihm nicht

Wärend dessen daß ich wartete, war die Rede davon, man wolle die Königin und den Dauphin wegbringen lassen, um sie vor aller Gefar in Sicherheit zu bringen. Man lies Wagen holen; aber die Einwoner von Versailles hielten sie an. Aber hätten diese Wagen auch durchkommen können, so würden diese Anstalten doch unnütz gewesen seyn; denn die Königin hatte den Mut, zu erklären, sie wollte lieber zu den Füssen des Königs sterben, sie würde ihn nie verlassen. Hätte sie sich zum Flüchten entschlossen, so hätte man gar leicht näher beim Schlosse Wagen haben, und diese vom Volk ungesehen durchbringen können.

Zwischen 7 und 8 Ur Abends bekamen die *Gardes-du-Corps* Befel, sich zu retiriren; man hoffte, ihre Retraite würde das Volk beruhigen. Ein Teil der Versailler Miliz gab Feuer auf die Hintersten in der Colonne, wovon verschiedene Mann und Pferde verwundet wurden. Als sie aus ihren Ställen abmarschirten, bekamen sie wieder verschiedene Schüsse.

Um 8 Ur kam Befel an die *Gardes-du-Corps*, wieder aufzusitzen, und ins Schloß zurückzukommen. Aber dieser Befel konnte nur von Einigen befolgt werden, und diese wurden neben dem Gegitter des königl. Hofes aufgestellt. Die übrigen erschienen nicht; denn in einem Augenblick der Unruhe und Verwirrung kam ihnen die Ordre nicht schleunig genug zu: auch feuerte man auf alle, die sich auf de Strassen blicken ließen. So wurden merere getödtet.[119]

---

aufmachen wollte. Hr. de Savonnieres kam auf ihn zu, und schalt ihn wegen dieser Gewalttätigkeit deftig aus. Der Soldat hieb mit seinem Sebel nach ihm, und zerhieb den SchwanzRiemen seines Pferdes. Hr. de Savonnieres erwiederte ihm das mit einigen Hieben mit dem platten Sebel; der Soldat stellte sich, als wenn er stürzte. Nun feuerte die Schildwache vom *Corps de Garde* der Versailler Bürger-Miliz auf den Hrn. de Savonnieres, und ihm wurde der Arm zerschmettert. – M.«

[119] »Gegen 11 Ur erhielten diese an dem Gegitter des königl. Hofes postirte Garden Befel, sich auf die Terrasse von der Seite der Orangerie zu stellen. Weil man beschlossen hatte, durchaus keine Gewalt zu gebrauchen, so wollte man sie doch der Wut des Volkes entreißen. Um 3 oder 4 Ur des Morgens ward ihnen gesagt, sie sollten sich in Sicherheit setzen: nun gingen sie durch den Versailler Parc hinaus. – M. «

Zwischen 9 und 10 Ur kam ein Adjutant vom Hrn. de la Fayette an, und meldete, daß solcher nächstens an der Spitze <203> der Pariser Miliz ankommen werde. Bekanntlich hatte sich Hr. de la Fayette alle Mühe, wiewol umsonst, gegeben, die Miliz von ihrem Vorhaben abzubringen; auch hatte er, so viel nur menschenmöglich war, den Augenblick ihre Abzugs aufgehalten.

Ich will nicht sagen, wie mir beim Empfang dieser Nachricht zu Mute war, wenn ich bedachte, wo diese seltsame Insurrektion für einen Anfang genommen hatte: Weiber – lange nicht so viele, als man ausgesprengt hatte – einige elende Banditen, die sich zu ihnen gesellt hatten – die cujonirten, die drohten, die hatten 2 Kanonen, einige Flinten, einige Pistolen, andere ärmliche Waffen. Wie leicht hätte man dies Gesindel gegen die *pont de Séve* zurücktreiben, und sich da vorteilhaft postiren können! Daß Leute dieser Art nicht abgeschickt waren, Brod zu fodern; daß solche nicht von Paris hergekommen waren, in der Absicht, einige Stunden ruhig in Versailles zuzubringen, – begriff doch wol jeder. Weiter, warum begegnete man ihren ersten ausgeübten Feindseligkeiten nicht? Und diejenigen Soldaten, denen verboten war, Feuer zu geben, mußten wol die Freunde ihrer Angreifer werden, nur damit sie nicht von ihnen massacrirt würden.

Und dann, wußte man nicht, daß die unglücklichen *Gardes-du-Corps*, deren Mut durch Ordres gefesselt war, seit einigen Tagen zum Gegenstand des allgemeinen Hasses gemacht worden waren, und daß man sie der Wut ihrer Feind ausliefern wollte?

Warum denunciirte man nicht der Nat.Versamml. *officiellement*, mit welchen Gefaren man bedrohet wäre? Warum verlangte man nicht von ihr, daß sie sich darein legen, und entscheiden sollte, ob die Pariser Miliz das Recht habe, nach Versailles zu kommen, um dem Monarchen mit ihren Waffen in der Hand Gesetze vorzuschreiben?

Ich knirschte darüber, daß ich nicht auf meinem Posten war. Die Pariser Armee näherte sich: mir ahndeten <204> die schrecklichsten UnglücksFälle. Ich dachte, die Nat.Versammlung würde etwas tun können, solche abzuwenden; ich sollte mit dabei

seyn, ich fürchtete, für eine feige Memme ausgeschrieen zu werden,
20mal lies ich ansagen, ich würde weggehen, wenn man mir nicht
die *acceptation* gäbe; jedes, mal hies es, ich sollte noch warten.

Endlich wurde ich zum Könige gerufen: *il prononça l'acceptation pure et simple.* Ich bat ihn, mir solches schriftlich zu geben: Er schrieb, und gab mirs in die Hände. Er hatte die Schüsse
gehört: man denke sich seine *émotion*, man denke sich die meinige!
Mit zerfleischtem Herze ging ich ab, um zu meinen Verrichtungen
zurückzukeren.

9. Mittlerweile war die Nat.Versamml. – weggelaufen: die Weiber
hatte[n] ihre Bänke eingenommen, und wurden, wie Mounier, der
Präsident, mit der Deputation von dem Könige zurückkam, bis gegen Mitternacht, im Sale, mit Wurst und Wein und Liqueurs tractirt.

Ich kam mit mereren Deputirten zurück, die auf mich ge-
wartet hatten. Wie ich in den Sal kam, dachte ich die Versammlung
wieder vorzufinden; denn meiner Meinung nach waren noch nie
Umstände gewesen, die ihre Gegenwart und ihre Beratschlagungen
dringender erfodert hätten: ober wie erstaunte ich, als ich den Sal
voll von Pariser Weibern und ihren Begleitern sah! Meine Ankunft
schien ihnen viel Vergnügen zu machen; sie sagten mir, sie hätten
mich mit vieler Ungedult erwartet. Eine von ihnen, die den PräsidentenStul eingenommen hatte, war so artig, und wollte mir solchen abtreten. Umsonst sah ich mich nach den Deputieren um;
und bemerkt blos einige, die aus Neugier da geblieben waren, und
die mir meldeten, in meiner Abwesenheit habe man ein Decret über
das Getreide gemacht; aber der Haufe, der sich in den Sal inged-
rengt hatte, habe bald einen Lermen gemacht; der Pöbel habe mit
den Deputirten deliberirt, habe sie durch Schreien unterbrochen,
habe zuerst <205> verlangt, daß die Versammlung den Preis des
Brodes, des Fleisches, und der Lichter, um ein beträchtliches her-
untersetzen solle; und so sei die Versammlung auseinander gegangen.

Ich lies die Hrn. vom Magistrat bitten, durch alle Strassen von Versailles die Trommeln rüren zu lassen, damit sich die Herren Deputirten in die Versammlung begäben.

In der ZwischenZeit verkündigte ich den Volke, daß der König die Artikel der Constitution angenommen habe. Der Trupp applaudirte, und drengte sich um mich herum, um Abschriften davon zu haben. Man fragte mich von allen Seiten, ob denn das auch recht vorteilhaft wäre? Andre fragten: aber werden denn nun auch die armen Leute in Paris Brod kriegen?

Weil viele klagten, daß sie den ganzen Tag nichts gegessen hätten, so lies ich Brod bei allen Beckern in Versailles holen. Und one daß ich Ordre dazu gegeben hatte, brachte man Würste, Wein, und Liqueurs. Die Malzeit ward im Sal gehalten.

Wärend der Malzeit kam ein Officier von der Pariser Miliz, und brachte mir vom Hrn. de la Fayette die Botschaft, daß solcher sogleich ankommen, und in der Versammlung erscheinen würde. Ich ersuchte den Hrn. Goui d'Arcy ihm entgegen zu gehen, und ihm zu sagen, daß der König acceptirt habe, damit er seine Truppen davon benachrichtige.

Indeß ich nun auf die Ankunft des Hrn. de la Fayette wartete, unterhielten sich die Weiber mit mir, die um mich herum waren. Viele bezeugten mir, wie sie es bedauerten, daß ich das garstige *Veto – ce vilain Veto*, dies waren ihre Ausdrücke – verteidigt hatte, und sagten mir, ich sollte mich vor der Laterne wol in acht nemen. Ich antwortete, man betrüge sie; sie wären nicht im Stande, die Meinungen der Deputirten zu beurteilen; ich müßte meinem Gewissen folgen, und wollte weit lieber mein Leben in Gefar setzen, <206> als die Warheit verraten. Sie beliebten meine Antwort gut zu heissen, und mir viel Beweise von Teilname zu geben.

10. Gegen Mitternacht kömmt Fayette, von der Pariser Miliz geschleppt, an. Die Nat.Versamml. wird zusammengetrommelt. Der König verlangt eine neue Deputation derselben: aber vorher geht Fayette zum Könige, und beruhigt ihn. Die Nat.Versamml. setzt, unter dem *Praesidio* der GalerienCanaille, ihre Sitzung mitten in der Nacht fort: um 3 Ur Morgens hebt sie der Präsident, auf ausdrückliches Verlangen des Fayette, auf.

Hr. de la Fayette kam an; es war bald Mitternacht. Er sagte mir, ich könnte wegen der Folgen dieses Vorfalls ruhig seyn; er habe seine Truppen merere male schwören lassen, dem Könige und der Nat.Versamml. treu zu bleiben, keine Excessen zu begehen, und keine zu leiden.[120]

Ich fragte Hrn. de la Fayette, was dann dieser Besuch zu bedeuten hätte, und was seine Armee eigentlich wollte? Er wiederholte mir, sie möchte auch, aus welchem Grunde es wolle, marschiret seyn, so würde sie doch keine Gesetze vorschreiben, weil sie versprochen hätte, dem Könige und der Nat.Versamml. zu gehorchen: nur um das Misvergnügen des Volks stillen zu helfe, würde es vielleicht gut seyn, wenn das Regiment Flandern weggezogen würde, und der König einige Worte zu Gunsten der patriotischen Cocarde spräche.

Hr. de la Fayette verlies mich hierauf, und wollte zum Könige. Er war kaum weg, so ward mir gemeldet, <207> Se. Maj. verlangten, daß ich mich mit so viel Deputirten, als ich antreffen könnte, in das Schloß begeben sollte.

Die Deputirten waren, auf den TrommelSchlag, nach und nach in ziemlicher Menge angekommen. Ich gab ihnen von dem

---

[120] »Ein ser vornemer Herr sagte mir einen Augenblick nachher: „dies ist ein neuer Streich der Aufrürer; nie hat man mer Geld unter dem Volke ausgestreut; die BrodTeurung und das Mal der Gardes-du-Corps haben den Vorwand hergegeben. Wie man die Empörung stillen wollen, hat man mit Erstaunen alle Menschen, und vorzüglich die besoldete Garde, schreien hören: nach Versailles! nach Versailles!" Er setzte hinzu, durch die *précaution*, die man genommen hätte, würde doch ihr schreckliches Project scheitern. – M. «

Verlangen des Königes Nachricht. Wir begaben uns mitten durch die Pariser Miliz in das Schloß. Der König sagte uns:

Ich hatte gewünscht, in dem Augenblick, da ich den Hrn. de la Fayette annemen würde, von den Repräsentanten der Nation umgeben zu seyn, und von ihren Ratschlägen profitiren zu können; aber er ist vor Ihnen gekommen, und ich habe Ihnen weiter nichts zu sagen, als daß ich nie Willens gewesen bin, wegzugehen, und daß ich mich niemals von der Nat.Versamml. entfernen werde.

Um diese Antwort zu verstehen, muß man wissen, daß eine halbe Stunde vor der Ankunft der Pariser Miliz, unter dem Volke verbreitet worden war, der König, von ihrer Annäherung erschreckt, sei willens nach Metz zu gehen. Ich schloß noch aus dieser Antwort, Hr. de la Fayette müsse dem Könige starke Gründe von Sicherheit gegeben haben, weil Se. Maj., die von uns Rat hatten fodern voll, nun nach der Unterredung mit dem Chef der Pariser Miliz keinen mer verlangten.

Wir kamen in den Sal zurück, um unsre Sitzung fortzusetzen, und auf alle Fälle Masregeln zu nemen zu können. Die Leute, von denen der Sal voll war, wurden ersucht, in den Galerien Platz zu nemen; aber dort war nicht Platz genug, und viel blieben auf den Banken der Deputirten sitzen.

Um nicht untätig zu seyn wurden die peinlichen Gesetze vorgenommen. Plötzlich ward die Discussion durch ein wiederholtes Schreien: „Brod! Brod! keine so lange Discurse!" unterbrochen. Endlich brachte man es doch da hin, daß es wieder stille ward.[121]
<208>

---

[121] »Folgendes darf nicht unberürt bleiben. M. de Mirabeau schrie: „ich möchte doch wol wissen, warum man sich die Mühe gibt, als wollte man uns hier Gesetze

Um 3 Ur des Morgens ward mir gemeldet. Hr. de la Fayette wolle mich in einem der nahen Säle sprechen. Weil ich die Versammlung nicht verlaßen kannte; so ersuchte ich 2 Deputirte, sich zu ihm zu verfügen, und mir nachher zu hinterbringen, was er mir zu sagen hätte. Sie kamen wieder, und sagten, weil Hr. de la Fayette wüßte, daß ich ganz ausnemend ermüdet wäre, weil ich die PräsidentenFunction seit gestern Morgen von ½ 10 Ur an verrichtete, so ließe er sagen – *m'engagoit* – , ich sollte die Sitzung aufheben, und mich schlafen lege; es wäre ganz unnütz, sie noch länger fortzuhalten; er stünde für alles; er habe alle Posten so gestellt, daß er sicher wäre, daß gute Ordnung erhalten würde; die Miliz habe die besten Gesinnungen; und er selbst sei von der allgemeinen Ruhe so vergewissert, daß auch er sich weg, und zur Ruhe begeben werde.

Ich hob also die Sitzung auf, und verschob sie bis diesen Morgen um 11 Ur. Noch ging ich zu Hrn. de la Fayette, und sagte ihm: wenn Sie die geringste Furcht haben, daß noch was passiren werde, so ists noch Zeit, und ich will die Deputirten, die weg gehen, bitten, augenblicklich wieder zurück zu keren. Hr. de la Fayette wiederholte mir, was man mir schon in seinem Namen gesagt hatte, und ich ging nach Haus.[122]

---

vorschreiben?" Das Volk applaudirte ihm. Ich declarirte, man ließe das Publicum nur unter der Bedingung den Sitzungen beiwonen, daß es nicht von dem der Nat.Versamml. gebürenden Respekt abwiche. – M. «

[122] »Hier erfur ich, daß wärend meiner Abwesenheit, ein 20 Banditen vor die Türe meines Logis gekommen und beim Pförtner nach mir gefragt, und dabei gesagt hatten, wenn sie auch nicht in dem Augenblick meinen Kopf kriegen könnten, so würden sie mich doch zu finden wissen. Auch erfur ich, daß sich, wie es finster worden, ein *attroupement* von Einwonern von Versailles unter meinen Fenste formirt, und den Leuten aus den Vorstädten St. Marcel und St. Antoine zugerufen habe: „kommt hierherein, hier ist ein Aristokrate, dem man den Hals abschneiden muß." – M. «

11. Eben diesen Morgen – 6. Oct. – geschieht, im Angesichte der Pariser Miliz der Angriff von der Pariser Canaille, auf die Gardes-du-Corps, das Versailler Schloß, und die königlichen Personen. Der König verspricht, sich von den Banditen nach Paris schleppen zu lassen.

Da Hr. de la Fayette so völlig sicher war, so ward auch ich ruhig, und schlief ein, und ward nicht eher als zwischen 8 und 9 Ur aufgeweckt. Man bracht mir ein Billet von einem Deputirten, des Inhalt: Um Gottes willen, retten Sie meinen Bruder, den das Volk erwürgen will. In eben dem Augenblick traten verschiedene Deputirte bei mir ein. Wie groß war mein Erstaunen und mein Indignation, als ich erfur, was vorgegangen war, und was noch vorging!

Von dem Anbruch des Tages an, war ein schreckliches Gebrüll das Signal dieser Wütenden gewesen. Von allen Seiten hatte man die schrecklichen Worte gehört: schlagt die *Gardes-du-Corps* todt, gebt kein Quartir. Nun liefen die Banditen in das Hotel der Garden, und ermordeten merere von den, die sie da antraf; die so fliehen wollten, wurden auf den Strassen verfolgt, wie man auf reissende Tiere Jagd macht. 10 bis 15 schleppte man an das Gegitter; merere wurden noch hingehalten, weil man nicht über die Art, wie sie massacrirt werden sollten, einig war.

Zu gleicher Zeit war ein rasender Trupp in die Höfe, im Angesicht der Pariser Miliz, die demselben doch so leicht hätte widerstehen können, eingedrungen. 2 *Gardes-du-Corps*, die als Schildwache, der eine bei dem Gegitter, und der andre unter dem Gewölbe, stand, wurden ermordet. Den einem von diesen hatte man sogar unter die Fenster des Königs geschleppt, um ihm den Kopf mit einer Axt abzuhauen. Der Trupp war hierauf auf <210> die grosse Treppe gelaufen, war bis in die Säle gedrungen, hatte die horriblesten Drohungen gegen die erhabensten Personen ausgesprochen, und merere *Gardes-du-Corps* in den Sälen ermordet oder verwundet. Die Schildwache, die vor der Tür zum Zimmer der Königin, mit dem heroischen Mute widerstand, ward in Stücke zerhauen; eben das wiederfur der Schildwache vor der Antichambre des Königes. Die Königin mußte *là demi-nue* [= nur dürftig bekleidet] fliehen, und sich zu dem Könige flüchten.[123]

Wie weit würde *l'excès du crime* gegangen seyn, wenn Hr. de la Fayette, der zu spät von diesen MordGeschichten Nachricht erhielt, nicht die Miliz haranguirt, und sich selbst zum Opfer angeboten hätte! Sein großmütiges *devouement* hatte den erwünschten Erfolg, den es verdiente. Die alten Grenadiere von den französischen Garden erschienen im *Oeil-de-Boeuf*[124] den König zu verteidigen, den sie in Gefar zu seyn glaubten, und die *Gardes-du-Corps* zu retten. Wirklich namen sie ser viel von ihnen unter ihre Schutz; aber sie respectirten doch die Mörder. 2 Köpfe von *Gardes-du-Corps* wurden öffentlich in Versailles herumgetragen[125]; und ein Ungeheuer, das mit einer Axt bewaffnet war, einen langen Bart, und eine außerordentlich hohe Mütze hatte, zeigte, mit einer Art von *ostentation* sein Gesicht und seine Arme mit MenschenBlut bedeckt.

Ich mag nicht merere andre *scenes d'horreur* im Detail beschreiben, die der atrocesten Kannibalen würdig sind. <211>

Sie waren unter den Augen der NationalVerslg. vorgefallen, die nie den geringsten Versuch machte, den Canaillen Einhalt zu tun, oder sie zu strafen.[126]

---

[123] »Sobald ich von diesen Attentats Nachricht erhielt, schrieb ich an Hr. de la Fayette, und bot ihm, als Präsident der Nat.Versamml. meine Dienste an, und bat ihn, mir es möglich zu machen, daß ich zu ihm kommen könnte. Mein Billet konnte ihm nicht durch denjenigen, dem ich es gegeben hatte, zur Hand kommen: ein Officier versprach, es an ihn zu befördern; aber ich weiß nicht, ob er es bekommen habe. Unter dem Volke – der Canaille – circulirte damals eine neue ProscriptionsListe; ich stand auch mit darauf. «

[124] Der ›Salon de l'Œil de Bœuf‹ (Salon mit Ochsenauge) war das zweite Vorzimmer des Königs (frz.: Deuxième Antichambre du Roi).

[125] »Bekanntlich wurden nachher diese beiden Köpfe eben so in Paris herumgetragen. – M. «

[126] »Die Provinzen sind so schrecklich betrogen worden, daß eine Menge Leute darinn überzeugt sind, die Pariser Miliz wäre einzig und allein nach Versailles gezogen, um Unordnung zu verhüten. Die guten Leute wußten nicht, daß den 5. Oct. eine Insurrection in Paris war, daß das RatHaus belagert worden, daß die Miliz ihren Chef gezwungen hat, sie anzuführen, und daß sie um Mitternacht in Versailles angekommen ist. War ists, sie beschützte zuletzt die Garden, und bat für

Indessen hatte man mit großem Geschrei gefodert, daß der König seine Residenz in der HauptStadt nemen sollte. Er erschien auf seinem Balcon, und versprach, auf die Bedingung mit seiner Familie nach Paris zu gehen, falls man das Leben seiner Garde schonte. Die Canaille begnadigte, und schrie: „es lebe der König, es leben die *Gardes-du-Corps!*" Und die, so sich im Innern des Schlosses versammelt hatten, warfen ihre Bandeliere, zum Zeichen ihre Unterwerfung, dem Volke zu.

12. Der König verlangt gegen 11 Ur die ganze Nat.Versamml. zu sich, um von ihr Rat in diesen MordAuftritten zu bekommen. Mirabeau sagt, das sei gegen ihre Würde: die Merheit stimmt ihm bei, auch darinn, daß die N. V. mit dem gefangenen König nach Paris gehen sollte. Mirabeau schlägt noch eine Adresse an die Provinzen vor, um solchen zu melden daß das Schiff der öffentlichen Sache schneller wie jemals segle.

<212>

Die Herren de Blacone und de Serent berichteten mir, der König wünsche, daß alle Mitglieder der Versammlung sich zu ihm verfügten, damit er von ihren Ratschlagen profitiren könne. Sie sagten dabei, sie hätten bereits, weil sie an meiner Einwilligung nicht zweifelten, alle Deputirte, die Ihnen begegnet wären, ersucht, sich in den *Salon d'Hercule* zu begeben; und da sie Verschiedene hatten hineingehen sehen, so wollten sie hin, und sie vorläufig davon benachrichtigen. Einen Augenblick nachher kamen sie wieder zurück, und sagten mir: wie sie in dem Sal eine ziemliche Anzal Deputirte vorgefunden, hätten sie sie in meinem Namen gebeten, sich auf das

---

sie; aber nicht einen einzigen von den Banditen, deren Verbrechen vor ihren Augen geschahen, griff sie an. Ihre Gegenwart hat die Canaille weit mer encouragirt, als intimidirt: hätte man nicht gefürchtet, ihr zu misfallen, so hätte man ganz gewiß denen auf der Terrasse placirten Garden nicht die Ordre zugestellt, sich zu retiriren. Auch die auf ihren Posten geblieben waren, hätten sich nicht massacriren lassen, one sich zu weren. Es war doch so gar leicht, der MordCanaille zu widerstehen! – M. «

Schloß zu verfügen; M. de Mirabeau aber habe geantwortet, eine Deliberation kan uns der Präsident nicht zum Könige gehen heissen. Die Galerien hatten sich auch über diese Sache erklärt, und geäußert, man dürfe nicht aus dem Sal gehen.

Ich erschien sogleich. Es war noch nicht 11 Ur; als war die Zeit, auf die die Sitzung angesagt war, noch nicht ha, und viele von den Deputirten waren im *Salon d'Hercule*. Ich gab von den WillensMeinungen des Königes Nachricht. Ein Deputirter fragte mich, ob solche schriftlich wären? Ich mußte die Hrn. de Serent und de Blacon zu Zeugen aufrufen. Aber hätte der König auch dieses Verlangen nicht bezeugt: hätte mein Vorschlag nicht gleichwol angenommen werden sollen?

Hr. de Mirabeau stand auf, und sagte, es sei gegen unsre Würde, uns zu dem Könige zu begeben; in einem königl. Palast ließe sich nicht deliberiren, unsre Deliberationen würden verdächtig seyn; es sei genug, eine Deputation von 36 Mitgliedern hinzuschicken. Das Reglement verbot mir zu sprechen; aber ich konnte dem Gefül nicht widerstehen, das mich drengte, und bat die Versammlung um Verzeihung, wenn ich mich durch die Umstände für authorisirt hielte, eine PolizeiRegel zu brechen. Ich behauptete, es könnte nie gegen die Würde, der Versammlung seyn, zu <213> dem Chef der Nation zu gehen; auch außerdem begriffe ich nicht, wie man in diesem Augenblick von Würde sprechen könne; an einem solchen Tage könne niemand argwonen, daß die königl. Autorität auf die Deliberationen Einfluß gehabt; der König, in der allergrausamsten Lage, bedürfe unsers guten Rats; man wolle ihn nach Paris füren; es sei kein Augenblick zu verlieren, um ihm hierüber die Meinung der Versammlung zu erkennen zu geben; ein Deputation würde ihn nicht beraten können, denn darüber würde eine teure Zeit verloren gehen, wenn sie zwischen dem Sal und dem Schlosse hin und her laufen, und die Befele der Versammlung einholen sollte.

Unsre Würde, so schloß ich, *besteht in der Erfüllung unsrer Pflicht; in diesem Augenblick der Gefar bei dem Monarchen zu seyn,*

*sehe ich als eine heilige Pflicht an; versäumen
wir, solche zu erfüllen, so werden wir uns
ewige Vorwürfe darüber zu machen haben.*

Keine Seele widerlegte mich; ich meinte also, alle Mitglieder fülten die Richtigkeit meiner Bemerkungen. Aber wie ich votiren lies, war die Merheit dafür, im Sal zu bleiben.

Sogleich sagte jemand, es verbreite sich ein Gerücht, daß der König hieher kommen wolle. Sogleich ernannte man 2 Deputirte, die Hrn. Targat und den Vicomte de Mirabeau, die deshalb vom Könige positive Instructionen einholen sollten. Mittlermeile bereitete man die Liste von 36 Deputirten vor, die beim Könige die Stelle der ganzen Versammlung vertreten sollten. Aber bemeldte beide Herren berichteten bei ihrer Rückkunft, der König habe nicht daran gedacht, sich in die Versammlung zu begeben; wol aber habe er versprochen, samt seiner Familie nach Paris zu gehen. Niemand machte die geringste Reflexion über die Charaktere dieses Versprechens, und über die Natur der Umstände. Der Hr. Graf de Mirabeau schlug vor, sich von dem Könige nicht zu trennen: Hr. Barnave unterstützte diesen Vorschlag, und verlangte eine präcise Erklärung <214> des Inhalts, daß wärend der jetzigen Sitzung der König und die Versammlung unzertrennlich seyn müßten. Sie ward genemiget: die Deputation der 36er hatte folglich dem Könige keinen Rat mer zu geben, sondern ein Decret zu präsentiren. Man ernannte hierauf eine andre Deputation, die den König nach Paris begleiten sollte.

Der Beratschlagung über die patriotische Contribution, die bis auf die *acceptation pure & simple* war aufgeschoben worden, war nun nichts mer im Weg; sie wurde also vorgenommen. Hr. de Mirabeau schlug sogar eine neue Adresse an die Provinzen über die dermaligen Umstände vor, um ihnen zu melden, daß das Schiff der öffentlichen Sache nun schneller wie jemals segle. Ich antwortete, dieser Vorschlag wäre nicht im *Ordre du jour*.

13. Die Nationalversammlung deliberirt über die patriotische Contribution, derweil sie ihren König und dessen Familie vor ihrem Sal, unter Mörderescorte, vorbei füren sieht.

Indessen da man über die patriotische Contribution deliberirte, fur die königl. Familie, von der Miliz, den Pariser Weibern, und ihren Gefärten escortirt, vor dem Sal vorbei. Diejenige *Gardes-du-Corps*, die Gnade erhalten hatten, waren zu Fuß, hatten Pariser MilizUniformen an, und GrenadierMützen auf dem Kopf. Die Weiber hielten Zweige in den Händen, die mit Bändern geziert waren. Voran wurden in einer kleinen Entfernung die beiden Köpfe auf Piken getragen; ringsherum gingen Weiber, die solche mit einer bestialischen Lust betrachteten, und tanzten, indem sie sie anschauten! Zum Zeichen des Triumphes, feuerte die Pariser Miliz, wie nach einem gewonnenen Siege, ihre Gewere ab; und lange Zeit hindurch hörte man das Musqueten- und ArtillerieFeuer der Ueberwinder.

Abbildung 3: Der Zug der Frauen

Die Einwoner von Versailles staunten gewaltig über diese TriumphAbzug. Nun erst merkten sie, daß, nach, dem sie für die Pariser gefochten hatten, sie wol gar alle <215> KriegsKosten bezalen müßten {oben Heft 53, S. 53}. Doch man sagte ihnen: seid nur stille, er wird wiederkommen.

Daß man sich geweigert hat, in dem Augenblick, da die Wonung des Fürsten so eben durch die horriblesten SchandTaten entweiht worden, zum Könige zu gehen, und zwar unter dem Vorwand, seine eigene Würde zu erhalten; – daß man über alle diese Verbrechen ein tiefes Stillschweigen beobachtet; – daß man den König reisen lassen, begleitet von den Mördern seiner Diener, und von einer Miliz, die von Aufrürern verfürt war, die die Fane der Empörung geschwungen, die ihren Chef gezwungen hatten, sie mit allen KriegsZurüstungen in den Aufenthalt des Königes und der Nat.Versamml. zu füren; die unter ihren Augen so viel Attentate begehen sah, die die blutigen Köpfe um sich herum tragen sah, und die, mit Waffen in der Hand, mir den Mördern im Frieden lebte; die nichts versucht hatte, die Empörer zur Ruhe zu bringen, um die Freiheit des Monarchen zu erhalten: – Ach, gewiß, wären alle Mitglieder zugegen gewesen, wie ich den Antrag tat, daß wir uns zu Se. Maj. begeben sollten, besonders aber, waren sie frei gewesen … Diese schreckliche Ideen verfolgten mich unaufhörlich. Wie gerne hätte ich mich von einem Orte entfernt, der mir immer die schrecklichsten Bilder ins Andenken brachte; aber ich war noch Präsident! Wie sente ich mich darnach, es nicht mer zu seyn!

Diesen Abend präsidirte ich noch. Hr. de Mirabeau erneuerte seinen Vorschlag wegen der Adresse an die Provinzen. Er erhielt zur Antwort: jetzo sei keine Zeit, darüber zu deliberiren.

Ich war unaussprechlich ermüdet an Leib und Seel, und hatte eine HöllenNacht. Den andern Morgen – 7. Oct. – präsidirte ich noch einmal. Die Sitzung war lang, und äußerst lästig für mich: die Fragen selbst waren nicht ser erheblich, aber die Discussionen waren stürmisch. Meine <216> schlechte Gesundheit machte meine Bemühungen, die Ruhe zu erhalten, noch fruchtloser und lästiger: alle die mir nahe saßen, mußten meine Agitation im höchsten Grade merken, mußte sehen, wie ser mir Ruhe, vorzüglich SelenRuhe, nötig war.

14. Mounier tritt von seiner PräsidentenStelle ab, 8. Oct. Ursachen
dazu.

Donnerstag – 8. Oct. – machten es mir, zu meine Glück,
heftige Schmerzen in der Brust, und eine völlige Heiserkeit, durchaus unmöglich, zu präsidiren. Ich schrieb an die Hrn. Sekretäre,
und bat sie, der Versammlung meine Entschuldigung zu machen,
und ihr zu melden, der Eifer und die Standhaftigkeit, womit ich
Ordnung halten, und über das Reglement halten gewollt, hätten
meiner Brust geschadet; und da meine Stimme vorhin schon gelitten hatte, so könnte ich, seit der Sitzung gestern Abend, kein lautes
Wort mer sprechen: ich bäte also die Versammlung, meine Stelle zu
besetzen. Dies geschah durch M. le Chapelier, unter dem Titel als
ExPräsident.

Weil ich schon ein lebhaftes Verlangen fülte, in meine Provinz zurückzukeren: so brauchte ich die Vorsicht, einen der Hrn.
Sekretäre zu bitten, daß er mir einen Paß verschaffte. Einen andern
lies ich von dem Rathaus in Versailles fodern. Ich erhielt alle beide.

Nachher bekam ich ein Billet vom Hrn. de la Fayette, worinn er zu fürchten schien, die Versamml. möchte unruhig darüber
werden, daß man verschiedene Deputirte bei den Barrieren arretirt
hätte. Ich bat mir von dem Officier, der mir das Billet einhändigte,
einige Erläuterungen aus, und erfur, man habe an diesem Tag eine
Verschwörung entdeckt, die den König nach Metz habe bringen
sollen; und um diese Entdeckung vollständig zu machen, habe man
keinen Menschen aus Paris herausgelassen. Es war damals 11 Ur des
Morgen, oder so ungefär: ich erwäne hier <217> dieses an sich wenig bedeutenden Umstandes, um den ersten Augenblick genau zu
bestimmen, wo ich von dieser vermeintlichen Verschwörung habe
sprechen gehört.

Noch erfur ich, daß man wegen eines neuen Angriffs der
Banditen in der folgende Nacht, die das Schloß anstecken, und die
Proscribirten ermorden wollte, in Furcht wäre. Ich erfur dies durch
Leut, die solches genau wissen konnten; und man hatte demzufolge
die Wachen und die Patrouillen verdoppelt. Ich bracht diese Nacht
auf dem Land zu.

Freitags, den 9. Oct., vernam ich, daß die Nat.V., betroffen über die ungeheure Menge von Pässen, die verlangt wurden, so eben declarirt hätte, sie würde keine mer als auf angegebene Gründe, die sie selbst erwägen wollte, austeilen; auch daß sie völlig beschlossen hätte, sich nach Paris zu begeben. Nun merkte ich, daß wenn ich reisen wollte, ich keine Zeit zu verlieren hätte; daß nun die Plackereien auf den HeerStraße bald wieder anfangen, und es mir alsdenn schwerer werden würde, nach Dauphiné[127] zurück zu kommen. Ich mußte um so viel mer eilen, weil ich, um den Verläumdern keinen neuen Vorwand zu geben, unter meinem Namen reisen mußte.

Hier stellte ich folgende Betrachtungen an. Bliebe ich bei der Versammlung, und wartete, bis ich wieder gesund würde, und wieder das Wort füren könnte; und wäre auch ein Anschein da, daß ich mich, mitten in Paris, frei herauslassen könnt, über die Ermordung der *Gardes-du-Corps*, über die Missetaten brutaler Menschen, die die Majestät der Nation in der Person ihres OberHauptes verletzt, und sich nicht gescheut hatten, seinen Pallast mit dem Blute seiner treuesten Diener zu überschwemmen; hätte ich die Urheber dieser Insurrection furchtsam machen, sie hintern können, den Fortgang ihrer verwünschten Unternemungen weiter zu treiben, dadurch, daß ich die Aufmerksamkeit Aller guten Bürger des Königreichs auf die letzteren geheftet <218> hätte: würde ich nicht bei meinen ersten Worten unterbrochen worden seyn? würde ich nicht, so zu sagen, unter dem öffentliche Geschrei, massacrirt worden seyn? Denn ich hätte so viel Leidenschaften beleidiget, so viel Interessen verletzt; und noch war damals das KriegsGesetz nicht promulgirt.

Freilich ist es Pflicht, allen Gefaren zu trotzen, um seinem Vaterlande zu dienen: aber nur in dem Falle, wenn keine nützlichere Mittel existiren, und man noch einige Hoffnung zu einem glücklichen Erfolg hat. Wollte ich meine Gedanken publiciren: so stellten sich mir eben die Hinternisse und eben die Inconvenienzen

---

[127] = Landschaft im Südosten Frankreichs mit der Hauptstadt Grenoble, dem Heimatort Mouniers.

in den Weg. Kein Buchdrucker hätte sich unterstanden, für mich zu drucken: und hätte auch einer diese Verwegenheit gehabt, so würde doch die Verbreitung meiner Schrift unmöglich gewesen seyn. Alle Exemplare würden sogleich weggenommen worden seyn; denn Leute, die denken können, wissen wol, was man unter unsrer jetzigen Preß Freiheit zu verstehen habe. Sie wissen, daß solche die Erlaubnis gibt, ungestraft alle diejenige Mitbürger zu verläumden, zu injuriiren, die man beim *Publico* um alle Achtung bringen will; – den großen Haufen zu flattiren, zu betrügen; ihm weiß zu machen, daß alles seinen Capricen weichen müste, daß er kein anderes Gesetz, als das Gesetz seines höchsten Willens, zu befolgen habe. Diese Preßfreiheit erlaubt, in infamen Pasquillen die guten Sitten, den Altar, und den Thron anzugreifen, und die irrigsten und gefärlichsten Grundsätze auszubreiten: aber sie erlaubt nicht, die Warheit zu sagen, sobald solche den Demagogen mißfallen, ihr Absichten deconcertiren, und in ihre Interessen eingreifen kan.

So gar sah ich nicht einmal eine Möglichkeit voraus, meine Committenten zu benachrichtigen, und mitten durch so viele Lügen, die man gar sorgfältig in die Provinzen verschickt hatte, die Warheit an sie kommen zu lassen. Wärend der despotischen Regirung, hatte man die *Agens* <219> *de l'Autorité* in Verdacht, daß sie die Spitzbüberei – *sceleratesse* – gar so weit trieben, daß sie die öffentliche Treu und Glauben brächen, und das Geheimnis der Briefe verletzten. Gewisse Beweise hatte man hierüber nicht: aber wärend der anarchischen Regirung ist nichts mer heilig; nur die Tugend ist gezwungen vorsichtig zu werden; das Verbrechen aber, das durch die Ungestraftheit impertinent wird, will sich nicht zu *ménagements* erniedrigen. Bekanntlich haben Deputirte geöffnete Briefe erhalten, auf denen der Name des Districts stand, der in der Tiefe seiner Weisheit, und kraft seiner absoluten Macht, für seine Pflicht gehalten hatte, solche aufzureissen und zu lesen. Wer hätte auch dafür einstehen können, daß man sich nicht erfrecht haben würde, eine Warheit zu einem *Crimen laesae nationis*, zu qualificiren, die den Parisern misfallen mußte, und solche durch ein Pariser

Tribunal, durch Pariser Beisitzer und auf die *réclamation* der Repräsentanten von der Gemeinde, richten zu lassen?[128] <220>

Bliebe ich bei der Versammlung, und ich schwieg: welche schreckliche Marter wäre es, wenn man hören müßte, daß die Betonung der Tugend den Missetaten verwilliget, daß alle den 5. und 6. Oct. begangne Attentate als HeldenTaten gepriesen, daß die feigsten MeuchelMorde, Courage, und der unerträglichste Despotism, Freiheit genannt, und durch solche Beschönigung der horribelsten SchandTaten, ihre Urheber zu deren Erneuerung, und das Volk angehetzt würde, sich auf neue zu verirren, sobald die Partei es noch einmal zum Werkzeug ihrer gräßlichen Entwürfe brauchen wollte?

Wie viel Umstände brachten mich auf den Gedanken, die Faction würde hiebei nicht einmal mit ihren criminellen Intriguen stille stehen! Die für die Ruhe des Stats so kostbaren Häupter, waren mitten unter der Licenz[129] und der Anarchie. Ich glaubte, nichts mer für ihre Sicherheit, nichts mer zum Vorteil meiner Mitbürger, tun zu könne, wenn ich in Versailles oder Paris bliebe. Alle was ich gesehen, alles was ich gehört hatte, hatte meine EinbildungsKraft dergestalt erschüttert, daß sie sich die Gefaren, die dem Vaterland bevorstunden, vielleicht exaggerirte. Mir dünkt, ich würde in einer

---

[128] »Eben jetzo ist das Pariser Châtelet provisorisch zu einem OberTribunal erhoben worden, da über *crimine laesae nationis* sprechen soll. Da man diesen Ausdruck nicht definirt hat; so ist ser zu fürchten, daß solcher ein unbegränztes Mittel, Volks- und PrivatRache auszuüben, abgeben werde. Hätte man nicht nowendig vorher die verschiedenen Arten dieses Verbrechens erklären, die *crimina laesae majestatis* mit darunter begreifen, und die Strafe bestimmen sollen? Zeigte nicht die *declaration des droits* diese Notwendigkeit an? Offenbar werden die Anklage, das Urteil, und die Strafe willkürlich seyn. Sogar hat man die Verbrechen des Hochverrats in den obersten öffentlichen Bedienungen, von der dem Châtelet erteilten Commission, nicht ausgenommen. Folglich werden Verbrechen, die das ganze Königreich angehen – wie die *impeachements* in England, über die das OberHaus spricht –, die vor die Repräsentanten der Nation kommen müßten, durch ein Pariser Tribunal, vor Pariser Geschwornen, abgeurteilt werden. Höchst warscheinlich wird man also alles *laesae nationis* nennen, was Paris laedirt. – M. «
[129] Hier zu verstehen im Sinne des lateinischen ›licentia‹: soviel wie Zügellosigkeit, Willkür.

gewissen Entfernung mer Nutzen stiften; ich würde, wenn ich die Warheit sagte, vielleicht etwa dazu beitragen, den Uebeln, die uns bedroheten, vorzubeugen, den Eifer der guten Bürger aufzuwecken, der Tätigkeit der bösen Bürger Einhalt zu tun, denjenigen, die in der HauptStadt für die Sicherheit des Königes und für die Unabhängigkeit der Stimmen wachen, neue Mittel zum Mut zu geben, wenn sie erfüren, daß die Warheit die Blicke der Bürger von allen Seiten des Reichs auf die Complote der Aufrürer gezogen habe.

Freilich dachte ich an den Eid, den ich selbst vorgeschlagen {*Exposé,* p. 90} und den 10. Jun. in dem *Sal du Jeu-de-Paume*[130] abgelegt hatte; aber ich glaubte fest, mich entfernen zu können, one ihn zu brechen. Damals wurde <221> die Versammlung mit einer Trennung durch die königl. Gewalt bedroht. Wir schworen, uns nicht zu trennen, und uns überall, wo die Umstände es erfoderten, wieder zu sammeln, bis die Constitution errichtet wäre; das heist, wir versprachen, nie in eine Aufhebung einzuwilligen, und uns, trotz der MinisterialBefele, überall, wo es nötig seyn würde, sich hinzubegeben, um frei zu deliberiren, wieder zu vereinen. Aber ich hatte nicht geschworen, daß ich mir gefallen lassen wollte, meine Meinungen dem Willen des großen Haufens zu unterwerfen, wider mein Gewissen zu sprechen, oder die Warheit zu verschweigen. Sobald ich auch meine Abschied nam, war ich aller Verbindlichkeiten quitt, die ich als Deputirter eingegangen war, und wurde durch einen *Suppléant* ersetzt. Viele Deputirte, die eben den Eid wie ich geschworen hatten, hatten seitdem, ihrer Gesundheit oder Privat-Geschäfte wegen, schriftlich ihren Abschied genommen; kein Mensch hatte ihnen das übel genommen: und zuverlässig können doch keine dringendere Beweggründe existiren, als welche das Gewissen und die Freiheit interessiren. Nam ich aber meinen Abschied; so trennte ich mich nicht gänzlich, sondern entfernte mich nur so lange, als ich nötig hatte, um meine Committenten zu instruiren, nur so lange, bis ich wegen der gerechten Besorgnisse, die mich einmal befallen hatten, ruhig war, und bis ich aus eine vollkommene StimmFreiheit rechnen konnte.

---

[130] = Der sogenannte Ballhausschwur.

Immerhin nenne man das Gefül, von dem ich voll war,
Schwäche des Charakters. Aber nach so vielen *atrocités* mußte ich
mich schlechterdings entfernen, um eine andre Luft einzuathmen;
ich fülte den stärksten Drang dazu; es kam mir vor, daß ich damit
eine Pflicht erfüllte, und zugleich einem unüberwindlichen Triebe
nachgabe.

Also reiste ich den 10. Oct. von Versailles ab, und nam den
Weg nach Dauphiné: ich verlangte nicht, gekannt zu werden; ich
suchte mich aber auch nicht zu verbergen. <222>

24 Stunden hielt ich mich in Lyon auf, und sprach da verschiedene Personen.[131]

Nach meiner Ankunft in der Provinz sagte ich allen denen
von meinen Committenten, welche ich die Ehre zu sprechen hatte,
was wahr war;[132] Aber meine Ehre, und selbst das Interesse meiner
Mitbürger, erfoderten notwendig, daß ich die Darstellung meines
Betragens bei der Nat.Versamml., und die BewegGründe meiner
Rückkunft nach Dauphiné öffentlich bekannt machte. Habe ich bis
jetzo damit gezögert, so geschah es deswegen, weil man SeelenRuhe
haben muß, wenn man in der Eile redigiren soll.

Jetzo beurteile man mich, nach allem was ich gesagt, nach
allem was ich geschrieben habe, seitdem ich die Ehre gehabt habe,
zu einem der Repräsentanten meiner Provinz ernannt zu werden.

---

[131] »An den albernen Märchen, die in merern öffentlichen Blättern über meine
Reise verbreitet worden, kan man urteilen, welchen Glauben die meisten dieser
Blätter verdienen. – M. «

[132] »Meine Briefe habe nichts zur Zusammenberufung der Stände und der Verdop-
pelung beigetragen; es war schon merere Tage vor meiner Ankunft geschehen: und
die Hrn. Commissäre der Stände können bezeugen, daß sie keine Zeile von mir
über die Begebenheiten vom 5. und 6. Oct. erhalten haben. Sie hatten bis dahin
so viel Beweise von ihrem Eifer und Patriotism gegeben, daß die Verläumdung ihre
intentions respectirt haben würde, wenn solche nicht in den gegenwärtigen Umständen die Anarchie auch darzu nützte, daß sie nichts in der Welt mer respectirt.
– M. «

1790 Sep 1 Briefe aus Paris[133]

17 Auszüge aus mehreren Briefen, von verschiedenen Briefstellern, auch zum Teil früheren *Datis.*

Folgende TatSachen sind NB. bescheiniget. Am 13. Jul. 1789 zälte unsre Stadt über 800,000 eigne Einwohner; darunter 16,000 das Almosen der Pfarrkirchen genossen, und dazu eingeschrieben waren. Am 15. Jan. 1790 waren noch 585,000 eigne Einwohner übrig, worunter 125,000 zum Almosen legitimirt sind. Und seit der Zeit haben die wohlhabenden Einwoner, durch die fortdaurende Emigranten, immer mehr ab- und die Armen in doppeltem Verhältnis zugenommen.

Noch eine andere Rechnung die ich dem ›Moniteur‹, einem demokratischen Journalisten, abborge. Man hat die Diebstäle gezält, die

1. im Nov[ember] und Dec[ember] 1788, und Jan[uar] und Febr[uar] 1790 begangen, und der Justiz angegeben sind; und

2. jene vom Nov. und Dec. 1789, und Jan. und Febr. 1790 dagegen gehalten, und die Proportion ist, wie 1:4.

Im J[ahr] 1788 war Paris durch 600 Mann zu Fus, und 160 Reiter, bewacht: und jetzt zält es 30,000 *Gardes-Nationaux* zu Fus, und 1,200 zu Pferde, die gerade eben den Dienst versehen, den jene 600 und 160 versahen, aber dem State 3 ½ Millionen mer kosten.

Die HandlungsBalance Frankreichs, die noch vor 4 Jaren, 50 bis 60 Mill. zum Vorteil der Nation war – wenn man den ColonialGewinn dazu rechnet –, ist im <178> vorigen Jahr – den GetreideAnkauf ungerechnet – 60 Mill. u n t e r das Pari gesunken. Der Beweis davon ist der *Assemblée National* vorgelegt.

---

[133] Fundstelle: (Schlözer, Stats-Anzeigen XV, 1790, S. 177 ff).

Der Magistrat – *Municipalité* – von Versailles entschuldigte am 10. Jul. den sparsamen Aufwand bei seinem Freiheitsfeste, NB. in einer gedruckten Relation, damit, dass diese Stadt, seit dem 6. Oct., 27 Mill. verloren habe.

Der berufene Physiokrat Dupont, auch ein Mitglied der Ass. Nat., berechnete letzthin, dass die Nation durch die Unterdrückung der *Gabelle*[134], 36 Mill. järlich gewinnen werde, weil das *Surrogatum* davon ihr nur 40 Mill. kosten soll, da sie vorher 76 Millionen dafür ausgegeben. Aber der Philosoph vergaß über der Entdeckung, dass die Nation für jene 76 Mill. auch mit Salz versehen gewesen ist; dass die järliche SalzConsumtion, leicht 3 ½ Milliards Pfund betragen mag; und dass, wenn man das Pfund Salz im Durchschnitt und im ganzen Lande zu zwei Sols anschlägt, diese Consumtion die ganze angebliche Ersparnis auffressen wird. So werden wir reicher!

Die 400 Mill., die man aus dem zu Kauf getragenen Geistlichen Gütern zu ziehen hofft, sind wirklich, durch eine Folge der Stagnation von allen StatsEinkünften, und die übrigen Operationen der Ass. Nat. ganz aufgezert; so daß keine 1,000 L. davon zum SchuldenErledigungsFond gezogen werden können. Und gehen die Sache noch 1 Jar lang den jetzigen Gang, so sind die gesammten disponiblen Nationalgüter weggeschleudert.

Es hat eine Gesellschaft von Patrioten beschlossen, eine *Subscription* zu eröffnen, aus deren Produkt eine neue *Domaine* für den König und die königl. Familie gebildet werden soll. Man will die Kapitalien in eine fremde Bank, vermutlich die Englische, legen, um sie der künftigen Ass. Nat. zu entreissen. Diese *Subscription* hat einen unglaublichen Fortgang, und übertrifft schon weit die *Contribution patriotique* : <179> diese *Contribution patriotique* vom 4ten Teil des Einkommens, welche Hr. Necker auf 400 Mill. berechnet, und NB. zum Grunde seiner Vorschläge in dieser Proportion angenommen hat, gab mer nicht als 93 Mill.: und man rechnet, daß keine 84 Mill. in den 3 Jaren eingehen werden, gesetzt

---

[134] Die Gabelle war die Salzsteuer. Im Laufe der Zeit wurde sie eine der meistgehassten und am ungleichsten verteilten Steuern im Land, und wurde am 21. März 1790 durch ein Dekret der Assemblée Constituante abgeschafft.

auch, dass es dabei sein Verbleiben habe. Macht järlich, anstatt der gehofften 133 Mill. – 28 –, die mit Gewalt sollen eingetrieben werden.

Vor einem Jahr ertönte ganz Frankreich von der guten Zeitung, dass die Zehenden gänzlich abgeschafft seien. Jetzo, da man handgreiflich bemerkt, dass die gesammten Geistlichen Güter, nach Abzug der Zehenden, nicht hinlangen werden, um die unumgänglich nötige Geistlichkeit zu besolden, will man im innern Königreich auf jeden Morgen – *arpent* – Landes eine kleine Auflage von 50 Sols machen: und das in einem Lande, wo dem Eigentümer eines solchen *arpents*, in den besten Gegenden 10 L. reiner Ertrag übrig bleiben. Jene 50 Sols sind gerade der vierte – nicht zehende – Teil von diesem Ertrag.

Jetzo will die Ass. Nat. über die bereits im Cours stehende 400 Mill., noch für 2,000 Mill. *Assignats* auf die NationalGüter in Lauf setzen; in der Voraussetzung, daß die NationalGüter 100 Mill. Renten abwerfen. Aber, die Herren bedenken nicht, daß

1. die geistlichen Güter, nach Abzug der Zehenden, keine 90 Millionen eintragen können, wenn sie auch von den neuen Besitzern ebenso gut, wie durch die Geistlichkeit, genutzt würden:

2. daß der Unterhalt der beibehaltenen Geistlichkeit nahe an 80 Mill. reichen wird:

3. daß die Pensionen für die säcularisirte Mönche und Nonnen, gesetzt auch daß von den letzteren nur die Hälfte ausspringt, wenigstens ein 40 Mill. betragen werde, womit die Masse der *rentes viagères* vermert ist, usw.[135]

Und zuletzt bedenke man noch, was <180> 2,000 Mill. PapirGeld, wenn sie auf einmal ein Land überströmen, für eine Wirkung tun müssen!

Das *Comité des finances* hat den SchuldenEtat mit aller möglichen Genauigkeit untersucht, und befunden, dass er sich im Monat August 1790, auf 4,800 Mill. belaufen habe. Und darunter sind 1,900 Mill. *dette exigible*, welche in den Num. 3, 4 und 6, von

---

[135] »Diese ganze Rechnung ist keine Anekdote: man findet noch weit mer davon, gedruckt, in des Bischofs von Nancy *Opinion* – oben Heft 57, Seite 16 – und in Bergasse's beiden Druckschriften. – S. «

der Neckerschen *estimation* besteht. Da nun jene 3 Artikel nur 1,491 Mill. ausmachen: so ergibt sich von selbst, dass seit dem 1. Maj 1789, die *dette exigible* um 800 volle Mill. gesteigert worden. Setzt setze man jetzt hinzu, daß in dem SchuldenEtat von *Comité des finances*, alle Arten von finanzierten Aemtern, bei der Armee, den Administrationen, und den CivilStande, begriffen sind, wovon Necker mer als die Hälfte nicht in Anschlag gebracht hat, weil seine Absicht so wenig, als Turgots seine, niemalen gewesen ist, die Finanzirung derselben abzuschaffen {die *Finance* davon begreift teils lauter CautionsGelder; teils würde sie nach dem Tode der Besitzer dem Könige heimgefallen seyn; und teils, wie bei den KriegsAemtern, sollte sie bei einer *mutation* um ein Zehntel erlöschen:} so findet sich ein neues Kapital von mer als 300 Mill., welches, mit den 500 Mill. von der *dette exigible* zusammengenommen gerade die 800 Mill. ausmacht, um welche der Etat vom 1. März 1789, von dem Etat vom 26. Aug. 1790, differirt.

Ich weiß, dass ein Deutscher, ein deutscher Poet, aber ein KraftMann! das 52. Stück von den StatsAnzeigen hier am 14. Juli zerrissen, und mit Füßen getreten hat. Ich weiß aber auch, dass von den 60,000 fremden *Gardes-Nationaux*, die damalen vor meinen Augenpaar paradirt haben, 50,000 als ErzRoyalisten und AntiDemokraten zurückgekommen <182> sind, weil sie die Hauptstadt und die Ass. Nat. haben kennen gelernt.

Nun zum Schlusse eine Posse: aber bei Schwärmern werden Possen importante Dinge. Jemand hat unsern Nostradamus aufgeschlagen, hat folgende Quartrains darinn gefunden können – die ich abschriftlich beilege, was ihre UniversitätsBibliothek das scltene Buch nicht hätte! – und sie mit gleichfalls beigehende Noten circulieren lassen:

Centurio III, Quartrain 49, 50, 51, 53, 54, 59

[...]

<183>

Ein Brief von diesem Propheten, vom 27. Juni 1558 an K[önig] Henry II., bezeichnet sogar das Jar von der *destruction* des französ[ischen] *Clergé*, und sagt, daß sie bis 1792 dauren werde. – Doch nicht genug mit Nostradamus-scher Weisheit: ein Deutscher, der bei der königlichen Bibliothek angestellt ist, fand eine Sammlung von Wahrsagungen des Paracelsus, des Ioh[ann] Lichtenbergers, und des Cario, wo Prophezeiungen über Frankreich vorkommen, die sonderbar genug lauten, und schon mer als einen Kopf irre gemacht haben.

1790 Nov 29 Priesterreform in Frank-reich[136]

47 Lutherische Priesterreform in Frankreich[137]. | Aus: Le Point du Jour, No. 506, 29.[138] Nov[ember] 1790 [Seite 401 ff]

[Zahlreiche Bischöfe, Kapitel und Pfarrer hatten am 19. April 1790 gegen die neue *Constitution civile du Clergé* protestiert; 30 Bischöfe, Mitglieder der Nationalversammlung, hatten sich dem angeschlossen. <387> Die *Comités ecclésiastiques, des rapports, d'aliénation et des recherches reunis* reichten daraufhin den Entwurf eines Dekrets in der Nationalversammlung ein.]

Hierauf donnerte Hr. Riquetti – Mirabeau –, wie folgt:

Wir wollen, sagen die Bischöfe, *alle Mittel der Weisheit und Liebe brauchen, um den Unruhen vorzubeugen, die eine bejammernswürdige Trennun[g] nach sich ziehen könnten. Wir können das Schisma nicht in unsre Grundsätze übertragen, wenn wir in unserm*

---

[136] Fundstelle: (Schlözer, Stats-Anzeigen, 1790, S. 386 ff)

[137] » "*Tardi venere*" Virg[ilius, Ecl. X, v. 19 ; „langsam kamen sie"]. – Es ist doch sonderbar, daß die deutsche Nation, die dermalen *in corpore* so häufig, in unzälichen französischen Broschüren, wegen ihres angeblichen Sklaven- und Stumpfsinns geschmähet wird, – daß diese Nation, oder doch ein großer Teil derselben, schon vor mer als 250 Jaren, das unternommen, und völlig ausgefürt hat, was in unsern Tagen erst, die Weisesten der französ. Nation unternemen. – Man suche Stellen aus Luthers Schriften aus, und setze solchen, Stellen aus Mirabeau's Rede gegen über: in welchen von beiden ist mer Kraft? Freilich im Geschmacke des Ausdrucks, verhalten sich beide gegeneinander, wie das 1ste Viertel des 16den Jahrhunderts, gegen das letzte des 18den. – S.«

[138] In der Vorlage : »20. Nov.«

Betragen alle die Mittel, die Nation davor zu verwaren, suchen.

Und Repräsentanten der Franzosen füren eine solche aufrürerische Sprache gegen ihre Committenten? Und die Diener des Gottes des Friedens, die Hirten der <388> Menschen, hauchen ihren Heerden den Geist der Zwietracht und Empörung ein?

Sehen Sie, meine Herren, was die zur Nat.Vers. deputirte Bischöfe machen! Sie wollen die Religion mit der Sorge, Sie zu strafen und sich zu rächen, beladen. Sie wissen, welche Gefaren sie sich dabei aufladen; aber sie wagen es drauf los. Sie sind entschlossen, sie alle *hasards* bei diesem *choc terrible* ausstehen zu lassen, und sie über ihre antike und erhabene Fundamente einstürzen zu sehen, wenn sie nur bei ihrem Falle auch Ihre Gesetze, und die Freiheit, mit unter ihren Ruinen begräbt.

Warlich, M. H., wenn man Ihnen vorwirft, daß Sie die alte Jurisdiction der Kirche einschränken, und die Notwendigkeit und den Umfang einer Macht verkennen, die solche unter den heidnischen Kaisern, und zur Zeit der Verfolgungen, ausübte: heißt das nicht so viel, als man verlange von Ihnen, Sie sollen das von Ihnen einmal angenommene System der PriesterOrganisation einer strengen Revision unterwerfen? Sie sollen die Religion zu der Existenz zurückbringen, die solche unter den Regirungen der alten Cäsare hatte? Sie sollen sie aus aller Correspondenz, aus aller Relation mit dem *régime de l'Empire*, setzen? Ist das ein Wunder, daß heidnische Kaiser, für die Religion nichts war, und das in einer Zeit, wo der christliche Glaube weder im Stat angenommen, noch vom Stat anerkannt, noch aus dem Vermögen des Stats unterhalten war, diese ReligionsPartei sich haben in ihrer Unsichtbarkeit nach Maximen regiren lassen, die keine öffentliche Wirkungen haben konnten, und die die bürgerliche Administration in keinem Puncte berürten? Das Priestertum, ganz getrennt von dem *régime social*, und in seinem Zustande von politischer Nullität, konnte aus dem Schoße unterirdischen Hölen, wo es seine Heiligtümer aufgebaut hatte, so wie es seinen religieusen Meinungen gefiel, den Kreis seiner geistlichen – *spirituels* – Rechte und seiner hierarchischen <389> *dépendances*, erweitern und verengen; es konnte, one die geringste Sensation zu erregen, diese Gränzen und diese *démarcations diocésaines* reguliren, die damals nichts als die Verteilung der apostolischen Beschäftigungen bedeuteten, und die auf keine Weise die Einteilung der römischen Provinzen verdunkelten oder embarassirten. Damals, M. H., war die Religion blos gedultet – *soufferte* –; damals verlangten die Priester bei den Herren der Welt nichts für sie, als daß sie ihre unschätzbaren Woltaten in den Schos der Menschen ausschütten ließen [...]

<390> Wir aber können nicht zweifeln, M. H., daß man in einer gar boshaften Absicht zu insinuiren suche, die Religion sei verloren, wenn die Wal der Volkes die geistlichen Stellen vergibt: denn unsere Bischöfe wissen, wie ganz Frankreich, welchem verhaßten *brigandage* [= schwerer Raub] die meisten unter ihnen den Charakter zu verdanken haben, den sie dermalen mit so vieler Frechheit gegen die Weisheit Ihrer Gesetze deployiren. Und warlich, Viele dieser Bischöfe müßten schrecklich schamrot werden, wenn sie sähen, daß man im Angesichte des *Publici* die *obscures & indécentes intrigues* entschleierte, die ihnen die Vocation zum Bistum zumöge gebracht haben; und die ganze Klerisei kann sich auf ihr Gewissen nicht verhelen, was die Administration *de la feuille des bénéfices* war. Ich will hier nicht die unreine Quelle aufrüren, die die französische Kirche so lange mit ihrer tiefen *corruption* inficirt hat; auch will ich nicht diese *iniquité publique & scandaleuse* in Anerinnerung bringen, die den gesunden arbeitsamen Teil des geistlichen Standes weit von den Würden des Heiligtums zurücke ließ; welche machte, daß alle Schätze der Religion und der Armen sich in den Schos der Faullenzerei und der Ignoranz ergossen, und die Stirnen, die mit der öffentlichen Verachtung bedeckt, und mit dem Brandmal aller Lasten gezeichnet waren, mit der geheiligten Tiare krönten. [...]

<393> Aber das aus den Zeitungen bekannte Decret ging gleichwol durch. Die französischen Bischöfe sind protestantische Superintendenten; es sind deren nicht mer im Reiche, als nötig

sind; sie haben ihre gehörige Einkünfte, nur keine sündlich starke mer; auch ernennt sie kein verdorbner Hof, kein feiles DomCapitel mer, sondern das Volk. Und daß ein ungelernter und lüderlicher Jüngling, blos weil er 16 Anen hat, einem gelerten und würdigen Manne vom BürgerStande vorgezogen werden müsse: von dieser *Blâme* hat die französische Nation, wie die brittische, und wie die deutsche etwa zur Hälfte, sich und die christliche Religion, wie es scheint, auf ewig rein gewaschen.

1790 Nov 27 »Vollendete Priesterreform in Frankreich«[139]

49 Vollendete Priesterreform in Frankreich {oben S. 386-393}

Der König der Franzosen zögerte, das Dekret der Nat.Versamml. vom 27. Nov[ember] *sur la constitution civile du Clergé* zu sanktionieren – so viel man bisher weiß aus der Ursache, weil er erst den Bischof von Rom, genannt Papst, darüber um Rat fragen wollte.

Den 23. Dec[ember] kam die Sache in der Nat.Versamml. vor, und Hr. Camus sprach darüber, meist in Luthers Geist, wie folgt:

> *Qui pourra croire qu'après ce que vous avés établi pour le* veto *du Roi, vous reconnoissiés encors le* veto *ultramontain ? …*
> *Quelle est donc cette grande querelle qui s'élève sur cette matière ? il ne s'agit pas de savoir si la Nation a entrepris sur le spirituel ; mais si un évêché aura un plus grand nombre de paroisses pour fourni un travail plus convenable aux évêques. Le grand objet de cette résistance est connu : c'est qu'il n'y aura plus des évêchés de 50, de 100, de 200 mille Livres de rente. Nous n'avons jamais reconnu l'autorité de l'évêque de Rome sur le*

---

[139] aus: Le Point de Jour, Num. 532, 25. Decemb. 1790, p. 454 ; Fundstelle: (Schlözer, Stats-Anzeigen XV, 1790, S. 430).

temporel ; nous aurions donc en vain combattu pendant tant de siècles contre cette autorité ?

Comme si c'étoit une loi contraire à la religion que les évêques & les pasteur, soyent elus par le peuple ?

Und der König sanktionierte den 25. Dezember.

1790 Juli »Anekdote aus Paris«[140]

50 Anekdote aus Paris über den Sturz oder die Reform der Klerisei: mündliche Erzälung von einem autokratischen Reisenden, im Jul. 1790.

<431>
Sie haben in den Zeitungen eine Recension von den Trauerspielen gelesen, welche den 13. bis 16. April in der Nat.Versamml. vorgestellt worden. Aber die besonderen Umstände von dieser Vorstellung, werden lange noch dem Auslande, und selbst den meisten Provinzen Frankreichs, ein Rätsel, oder wol gar ein Geheimnis, bleiben. Ich will nur folgenden HauptUmstand bemerken, der allem Ansehen nach den Ruin von Frankreich entschieden hat.

Die herrschende Partei war benachrichtiget, dass am Tage, da die Nationalisierung der geistlichen Güter sollte vorgeschlagen werden, die Geistlichkeit der Nationalversammlung ein freiwilliges Geschenk von 400 Millionen bares Geld anbieten wolle; und sie sah voraus, dass dieses Anerbieten der Emission von 400 Millionen Assignationen auf den KaufSchilling der zu veräußernden geistl. Güter, desto allgemeiner würde vorgezogen werden, da auf einer Seite bares Geld, und auf der anderen Seite blose Scheine figuriren, die erst nach 16 Jahren völlig abgezalt werden sollen. Nun beschloß sie, die Wirkung dieses Anerbietens durch die ihr hier sogar geläufige Mittel zu vereiteln.

Dom Gerle[141], ein ausgesprungener KarthäuserPrior und heftiger Demokrate, mußte die erste Rolle übernehmen: und im Augenblick, da die Veräußerung der geistlichen Güter im Vorschlag gebracht war, mußte er die Motion [soviel wie: Antrag] machen, dass 1. die katholische Religion für die herrschende Religion des

---

[140] Fundstelle: (Schlözer, Stats-Anzeigen XV, 1790, S. 431 ff).
[141] Christoph-Antoine Gerle (* 25. Oktober 1736 in Riom, Auvergne; † 17. November 1801 in Paris) war ein französischer Revolutionär.

Stats erkannt, und 2. ihre Diener allein aus dem StatsEinkünften besoldet werden sollten.

Der 1ste Teil dieser Motion fand zugleich eine Menge von Verfechtern unter der sogenannten Minorität. Sie wurde von der GegenPartei bestritten; und im Augenblick, <432> da die Diskussion am wärmsten war, zog Gerle seine Motion zurück. Nun hatte der ganze Zwist, nach der ReichsTagsPolizei, keinen legalen Gegenstand mer: die Minorität aber beharrte darauf, daß der Absprung des Gerle eine einmal in Untersuchung gebrachte Materie nicht von der Katheder ausschließen könne. Damit war die Diversion fertig.

Die herrschende Partei verstärkte sich durch die gedungene Gazette, und durch 6 bis 8,000 besoldete Köpfe vom Pariser Pöbel. Bestellte Redner mussten im Palais Royal, und in den Gassen, und mitten unter dem versammelten Janhagel, ausbreiten, dass die Geistlichkeit den Verkauf der Kirchengüter, und folglich die Zahlung der Renten, unter dem Vorwand der Religion, hintern wolle; und Marat ließ ein 12 bis 15,000 Exemplare von einem im Volks-Tone geschriebenen Pamphletchen, teils um 1 Sol verkaufen, teils auch umsonst austeilen, worinn bewiesen war, dass die christliche Religion in vielen Sachen unnütz, überhaupt aber dem Stat und der Freiheit schädlich sei.

Der Erfolg von diesen Masregeln war, dass der Vicomte de Mirabeau[142], Cazalès[143] und Maury[144], welche an der Spitze der *minorité* perorirten, beinahe ermordet, andere Mitglieder derselben insultirt, und ein solcher Schrecken unter die gut gesinnte Deputirte gebracht wurde, dass am folgenden Tage, da die Materie vom Verkauf der geistl. Güter vorkam, mer als anderthalbhundert

---

[142] André Boniface Louis Riquetti, vicomte de Mirabeau (* 30. November 1754 in Paris; † 15. September 1792 in Freiburg im Breisgau) war zu Beginn der Französischen Revolution einer ihrer konservativen Gegner.

[143] Jacques Antoine Marie de Cazalès (* 1. Februar 1758 † 25. Oktober 1805) war ein konservativer Politiker während der Französischen Revolution.

[144] Jean-Siffrein Kardinal Maury (* 26. Juni 1746; † 11. Mai 1817 in Rom) war ein Gegner der Französischen Revolution, Er zählte mit Jacques Antoine Marie de Cazalès (1758–1805) und André Boniface Louis Riquetti de Mirabeau (1754–1792), dem jüngeren Bruder Mirabeaus, in der Konstituante zu den gegenrevolutionären „Schwarzen".

davon ausblieben. So wurde jener Verkauf, durch eine Merheit von 460 und etlichen Stimmen, gegen 415 beschlossen, die sonsten mit einer Mehrheit von 620 Stimmen gegen 450 verworfen wäre.

Ich will nichts vom Effecte sagen, den die ReligionQuästion in den Provinzen hervorbringen wird, und bereits hervorgebracht hat. Auch die Wirkung will ich nicht prophezeien, welche der Verkauf der KirchenGüter, und die Einfürung der Assignate, tun wird. Aber dieses will ich <433> anführen, dass in Paris bei dem gesamten Pöbel, und in der Nachbarschaft dieser Stadt bis 6 und 7 *lieues*[145] weit, alle Ideen von Religion verschwunden sind; daß man Messe, Beicht, und geistliche Pflichten, für eine Tyrannei der Geistlichen ausschreit, von keiner Art von FreiheitsZwang mer hören will. So hat man dieser leichtsinnigen, feurigen, Nation, den einzigen Zaum abgestreift, der sie noch zurückhalten könnte; und jetzo ist allen Lastern, allen Unordnungen, Tür und Tor geöffnet. Mord und Raub und Brand sind aller Orten im Schwange. Die Geistlichen werden ermordet, weil sie *Calotins* [=Pfaffen] sind, der Adel, weil man sie Aristokraten schillt; und die Zal der mit Namen und der Art ihres Untergangs bezeichneten SchlachtOpfer macht schaudern. Alle gute Menschen schaudern; nur die Systematiker nicht, die nachrechnen, dass nie eine große VolksRevolution so wenig Blut zittert, als sie französische ...

---

[145] altes Längenmaß, zwischen 3,9 und 4,5 km.

1791 Jul 28 »Extrait d'une Adresse de la municipalité de Lyon à l'Assemblée natio-nale«[146]

41 Extrait d'une Adresse de la municipalité de Lyon à l'Assemblée nationale

Nous avions reçu vos décrets sur l'organisation du pouvoir du Monarque sans murmures, par ce que, nous avions cru que Louis XVI effaceroit par des vertus la tâche qu'il cause dans la constitu-tion; mais sa suite, mais son aveu de n'avoir donné qu'un consente-ment forcé à nos loix, mais l'impudeur de sa plainte sur la modicité des fonds appliqués a la liste civile, nous ont enfin ouvert les yeux considérant avec effroi le précipice où nous allions être engloutis, nous vous conjurons, Représentans, de rester fidèles à la cause du peuple, de revenir sur vos pas; & si vous n'êtes pas assez forts de votre opinion, opposez à vos détracteurs celles de toutes les com-munes de l'empire qui se réunissent dans cet instant, se soulèvent contre celui qui, en fuyant nous a exposés aux horreurs d'une guerre civile & étrangère & vous disent avec l'energie de la souverainété qui leur appartient, de reformer l'organisation du pouvoir exécutif, de rendre à la nation le choix des ministres; & s'il faut encore qu'une famille sommeille héréditairement sur le trône, ne <384> lui confiez pas des armes dont elle puisse abuser. Supprimez 24 millions de 25, qu'une prodigalité irréfléchie alloit arracher à la sueur des peuples. Ne laissez pas dans les mains de nos Rois des moyens de corruption qui saperoient, tôt ou tard, & nos loix & notre liberté. Soyés cer-tains, Représentans, que lorsqu'ils ne pourront pas soudoyer des traîtres, nous n'aurons plus de trahisons à craindre; nous ne verrons plus le trône entouré de ces faméliques ambitieux qui l'ont rendu

---

[146] Aus: Le Point du Jour, No. 748, 28 Juill. 1791, p. 446 ; Fundstelle: (Schlözer, Stats-Anzeigen XVI, 1791, S. 383 f).

jusqu'ici étranger à la vérité, aux vertus, & qui ne s'agitent en sa faveur que pour les places & les millions qui en découlent. Songez enfin, Représentans, que si vous n'admettez pas la mesure qui vous est demandée au nom de la justice éternelle, jamais vous ne sérés regagner à Louis XVI la confiance qu'il a perdue, & vous laisseriez aux prochaines conventions nationales une erreur dangereuse à corriger dans l'ouvrage de la revolution.

les Maire & Officiers municipaux de la ville de Lyon.

1791 Sep 26 Emigrees in Koblenz[147]

#54 [Emigrees in Koblenz]

Coblenz, 26. Sept. 1791.
Ich bemerke hier bei 1,200 Franzosen. Vom schlechtesten Zimmer wird monatlich 10 Caroline bezalt. Weil[and] Monsieur, und der weil. Graf Artois, residiren zu Schönbornslust; man rechnet, daß beide daselbst täglich 200 Pfund Fleisch mit den Ihrigen verzeren, und noch wie in Frankreich verschwenderisch damit umgehen. Die königl. Garde ist auch hier; so gar soll auch ihre Fane hier seyn, die ein Frauenzimmer auf der Brust aus Paris hieher gebracht hat, *si fabula vera est.* <511> Noch erwartet man hier 4,000 Mann, die auf die benachbarten Dörfer und Städtgen verlegt werden, und hier bis in den März verbleiben sollen. Die Becker, Metzger, Wirthe und dergl., haben vielen Nutzen: andere aber fürchten für diesen Winter Brod- und Holzmangel. Man rechnet, daß diese Franzosen alle Monate in Coblenz 36,660 [Einheit] lassen. Die unsinnige Sage, daß Rumantzov 2 Mill. [Einheit] für diese *Refugiés* hieher gebracht habe, cursirt auch hier; aber gelerte deutsche ZeitungsSchreiber hätten sie eben so wenig, als so viele andre von anonymischen Strasburger NationalGardisten, ausgestreute Albernheiten, die Schwarze Armee betreffend, nachschreiben sollen.

---

[147] Fundstelle: (Schlözer, Stats-Anzeigen XVI, 1791, S. 510 f).

1792 Ein deutscher Schwärmer (Inhalt) [148]

20. Warnendes Beispiel eines, von der französischen FreiheitsSucht, angesteckten deutschen Schwärmers.

Adresse an meine Freunde. Da ich jetzt mein deutsches Vaterland, da ich Eltern und Geschwister, Freunde und Verwandte, kurz alles, was mir teuer war, und stets teuer bleiben wird, auf ewig verlasse, um in den Regionen der Freiheit eine Ruhe zu finden, die ich hier nie finden konnte: so halte ich es, um allen falschen Gerüchten wegen meiner Entfernung zuvorzukommen, für meine Pflicht, meinen Freunden mit der größten Unbefangenheit von dem so wichtigen Schritte Rechenschaft zu geben, den ich mit einer seltenen Entschlossenheit, one die geringste Schwärmerei, und nach der reiflichsten Ueberlegung, jedoch mit römischen Geist getan habe.

[Ich litt keine Not, hatte Einkünfte von 600 Reichstalern pro Jahr und 1,500 Rtlr. gespart. Mein Interesse war und ist Philosophie und Geschichte, vor allem römische Geschichte. Die Prinzipien der Französischen Revolution: Menschenrechte, Gleichheit begeisterten mich. Mein Beruf – Jurist – ekelte mich von Jahr zu Jahr mehr an. Frankreich und die Revolution werden sich durchsetzen; im Zweifelsfall werde ich sie auf dem Schlachtfeld verteidigen.]
H., 1. März 1792
F. C. G.[149]

---

[148] Fundstelle: (Schlözer, Stats-Anzeigen XVII, 1792, S. 196 ff).
[149] Nicht identiziert.

1792 Mai 02 »Aus dem Cölnischen«[150]

35 Aus dem Cölnischen. 2. Maj 1792.

Lange war war das ErzStift Köln, obgleich an das von französischen Flüchtlingen überschwemmte Trierische unmittelbar angränzend, durch das, ebenso weise als heilsam politische Benemen seines durchl[auchtigen] LandesHerren, von der gar großen Zudringlichkeit besagter Emigranten verschont geblieben. Einige wenige ansehnlichere, still und ordentlich lebende Familien, ließen sich in dem ErzStifte, und zwar in der Kurfürstl[ichen] Residenz Bonn selbst, nieder, wovon auch die meresten, da sie durch den bei diesem Hofe Angestellten französischen Gesandten dem KurFürsten vorgefürt worden, an dem Hofe selbst, sowie in den ersten Häusern des Adels, mit erfoderlicher Höflichkeit aufgenommen worden sind. Dieses ist eine blose, jedem Fremden onehin schuldige Gast-Freiheit.

Allein die an dem Rheine, 3 Stunden von Koblenz entlegene ErzStiftische MunicipalStadt Andernach, vermutlich verblendet durch den starken GeldUmlauf in ihrer Nachbarschaft, und durch eigenes PrivatInteresse verleitet, one die widrigen Folgen dieser Vermischung französischen Leichtsinns, mit unserer bidern deutschen Charakterfestigkeit sowohl im Physischen als Moralischen, einzusehen – denn von den politischen mißlichen Folgen will ich hier nicht einmal sprechen – one den momentanen Nutzen, mit dem für die Zukunft aus mereren Ursachen leicht zu berechnenden <299> höchstmöglichen größeren Schaden ins Gleichgewicht zu stellen, – diese Stadt kam in verflossenen Herbst, bei damaliger Abwesenheit des KurFürsten zu Mergentheim, bei dem Ministerio mit der Bitte um Erhaltung der Erlaubnis zur Aufnahme einiger 100 Emigranten ein. Diese wurde ihr dann auch erteilt, vermutlich um den Vorwurf auszuweichen, als wollte man dieser Stadt, die nun in Händen habende Mittel zur Beförderung ihres

---

[150] Fundstelle: (Schlözer, Stats-Anzeigen XVII, 1792, S. 289 ff).

Wolstandes durch einen vermerten GeldUmlauf, gleich ihren Nachbarn, ganz vorenthalten; denn wo augenblickliches PrivatInteresse die HauptTriebFeder einer Unternemung ist, da sieht der Mensch, besonders der gewönliche Mensch, die entfernten Folgen nie ein. Hatte er auch kleine Andung derselben, so sucht er dieselbe nun gar zu gern zu unterdrücken, um nur das glänzendere Gegenwärtiger zu sehen; dies schwächt die Vorempfindung der Zukunft so ser, dass sie gar nicht mer in Anschlag kommt. Wird es dann auch, durch noch so nachdrückliche Vorstellungen der bedenklicheren Zukunft, dasselbe zu erhalten verhintert: so heißt bei dem Kurzsichtigeren, nicht selten Misgunst, Eigensinn, Gleichgiltigkeit für das Wol der Untertanen, und dergl. mer, was doch im Grunde oft ebenso vorsichtige als weise und kluge Einsicht des Regenten ist.

Diesem auch nur zu denkenden Vorwurf vermutlich zu entweichen, wurde die Erlaubnis gestattet; jedoch unter folgenden ausdrücklichen Bedingnissen:

1. daß ihre Anzahl nicht über 3, höchstens 400 Köpfe, anwachsen solle;
2. daß sie nicht bewaffnet aufgenommen, auch in der Zeit ihres Daseyns keine Bewaffnung gelitten werden sollen;
3. daß alle KriegsUebungen, auch jene, welche denselben auch nur im entfernten Sinne ähnlich wären, unterbleiben müßten.

Ohne Zweifel hat der Magistrat die genaue Befolgung dieser Bedingnisse versprochen: denn die Aufnahme geschah. <291>

Nun wusste man bisher nicht anders, als daß jene Bedingnisse, nach wie vor, erfüllt würden; als plötzlich der KurFürst erfur, dass dieselbe fast alle überschritten seien, und daß noch obendrein, sich fast an die 100 dieser Auswanderer in einem, an der Ahr landeinwärts gelegenen Städtchen Ahrweiler, wider Willen und Wissen eingenistet, und folglich die angebotene GastFreiheit misbraucht hatten. Hiedurch bewogen, hat der KurFürst sich auf der Stelle entschlossen, die beikommende so scharf abgefaßte Verordnung an alle StadtMagistrate des ganzen ErzStifts ergehen zu lassen.

Maximilian Franz, von Gottes Gnaden ErzBischof zu Cöln ...[151]

Nachdem verschiedene französische Ausgewanderte um die Erlaubnis angesucht haben, sich in Unseren KurCölnischen Staten niederzulassen, und daher von Seiten der Magistrate unsrer Städte, bei unsrer kurfürstl. Regierung darüber merere Anfragen geschehen sind; so haben Wir für nötig gefunden, so wol für diese, als die in unserm Lande aufgenommenen französ[ischen] Ausgewanderte, nach dem Beispiel derjenigen, die bereits in der KurTrierischen, und in den königl[ichen] Niederlanden, ergangen sind, nachstehende LandesHerrliche Verordnung zu erlassen.

1. Soll kein militärisches Corps von Franzosen durch das ErzStift ziehen, oder in demselben wonen können.

2. Wird den obbemeldten Emigranten jede Gattung von militärischer WaffenUebung auf das strengste untersagt; und jene, welche dagegen handeln, müssen unser Land in Zeit von 3 Tagen verlassen. Und haben die StadtMagistraten dafür zu sorgen, daß die HausEigenthümer in dem ersten UebertretungsFall den Franzosen die Wonung aufkündigen, und daß dieselbe binnen 3 Tagen aus der Stadt weggeschafft werden. <292>

3. Die erlassenen Verordnungen, im Betreff der fremden Werbungen, *die dato* 18ten Okt. 1788, werden hiemit ausdrücklich wiederholt, und die fremden Werber, ihre Helfer und MitSchuldigen werden mit 2jähriger ZuchthausStrafe belegt. Diejenigen Untertanen aber, welche sich in derlei fremde Diensten anwerben lassen, verlieren, nach bereits bestehenden LandesGesetzen, ihr in den hiesigen Landen besitzendes Vermögen, welches der Confiscation unterworfen ist.

4. Wird die Lieferung von Kriegsmunition an Auswärtige, und besonders an die französischen Emigranten unter 2jähriger Zuchthaus-Strafe hiermit verboten;

---

[151] Diese Verordnung ist auch abgedruckt im ›Bönnischen Intelligenzblatt‹ # 16 vom 17.04.1792, Seite 1.

und ist denenselben Canonen, Schiesgewehre, Pulver, MunitionsWagen, Säbel, und was man sonst zu KriegsMunitionen zälen kann, zu fertigen, zu liefern, und zu beschreiben, untersagt. Diejenige, welche dergleichen KriegsMunitionen heimlich verwaren, oder verwaren helfen, sind der nämlichen Strafe unterworfen. Und wenn Waffen oder dergleichen Munitionen entdeckt werden; so sind solche alsbald in Verwar zu nehmen, und an unseren Gouverneur zu Bonn, den Gen. Lieut. von Kleist, einzuliefern. Ingleichen sind auch alle Transporte von Gewehren, Feldkesseln, CavallerieSätteln, Geschirren, und überhaupt alles, was zu KriegsMunition für die ausgwanderten Franzosen gehört, und aus fremden Lande kömmt, mit Arrest zu belegen: worüber alle Civil- und MilitärDepartements mit der größten Aufmerksamhelt zu wachen haben.

5. Remonte- und Artilleriepferde für die französischen Emigranten sind bei allen Zöllen, bei dem Eingang in das Erzstift zurückzuweisen, und wird deren Einführung nicht gestattet.

6. In der Stadt Bonn können zwar französische ParticularPersonen und Familien sich niederlassen, jedoch sind die HausEigentümer angewiesen, bei unserem Vogte Boosfeld anzuzeigen, wer der Aufnehmende[152] ist. <293>

7. Die französ[ischen] Emigranten können nur in den Städten des KurCölnischen Erzstifts, jedoch in einer Stadt nicht mehr als 20 bis höchstens 30, und diese blos als Gäste, in den Wirts- und Bürgerhäusern, gegen vorgängigen Accord mit ihren HausHerren, aufgenommen werden. Damit aber hierauf genau kan gewacht werden, hat jeder Bürger, eh er einen Franzosen aufnimmt, solches bei dem Amtirenden Bürgermeister

---

[152] eigentlich: „Aufgenommene".

anzuzeigen: wer es unterläßt, hat eine Brüchtenstrafe von 10 Goldfl. onnachsichtlich zu erlegen. Wollen französ[ische] Edelleute mit ihren Familien ein Land-Haus beziehen, ist solches von dem Beamten des Orts vorläufig unsrer kurfürstl. Regirung anzuzeigen, und die Erlaubnis einzuholen.

8. Militair-*Cantonnements*, oder *Rassemblements* werden in dem ErzStift nicht gestattet. Die französ[ischen] Emigranten dürfen weder zu Fuß noch zu Pferd, in grosser Anzal, oder TruppenWeise ausrücken, keine Art von MilitärExerzitien, oder *Manoeuvres* weder heimlich noch öffentlich unternemen; und wenn selbige entweder zu einem SpazirGang, ohne zu einer Reise sich über Land begeben, darf solches niemals in großer Anzal geschehen.

9. UnterOffiziere und gemeine Soldaten dürfen in dem ErzStift sich gar nicht niederlassen.

10. Sämtliche Magistrate der Städte, wo Franzosen aufgenommen werden, haben alle 14 Tage an unsre kurfürstl. Regierung zu berichten, ob unsere Befele, in Ansehung der französ[ischen] Emigranten genau beobachtet werden. Wir nemen uns übrigens vor, durch verschiedene eigens von Zeit zu Zeit abzusendende Personen über die genaue Befolgung unsrer Verordnung die Local-Erkundigung einzuziehen; und werden denjenigen Magistrat, der unsre Weisungen nicht genau beobachtet hat, in eine BrüchtenStraf von 50 Goldfl. ex propriis zu zahlen, fällig erklären. <294>

Diese Verordnung ist gewönlicher massen von den Kanzeln zu verkündigen, und öffentlich anzuschlagen.
Gegeben in unsrer ResidenzStadt Bonn, 11. Apr. 1792.
Max Franz, Kurfürst.
L[ocus] S[igilli]

V[idi]t Fr[anz] Gr[af] v[on] Nesselrode-Reichenstein[153].
J. F. J. Guisez

---

[153] Johann Franz Joseph Graf von Nesselrode-Reichenstein (* 1755 † 1824) war kurkölnischer Geheimer Extra-Konferential-Rat (Geh. Staatsrat) und 1786 bis 1795 Hofratspräsident.

1792 Nov 5 Die Bürger von Frankfurt an General Custine[154]

13 Die Bürger von Frankfurt an den Fränkischen Bürger und General, H[er]rn Custine. | Gedr[uckt] auf 4 S. in 4.

Hr. General! Sie haben in Ihren erlassenen Manifesten zu Uns gesprochen, und haben darinn allzu deutlich <97> erklärt, daß Sie es mit der geringern Classe von Bürgern besonders gut meinen, als daß uns dieses nicht [...][155] vollkommenes Zutrauen zu Ihnen einflößen sollte.

Sie erlauben uns also, daß wir auch einmal öffentlich, nach unsrer Empfindung, zu Ihnen reden dürfen! Sie wollen uns für Bedrückung schützen, von der Frankfurter Bürger, Gottlob! nichts wissen, und noch weniger sie fülen. Sie wollen uns eine Freiheit versichern, die wir schon genießen. Wenn Sie also glauben, Hr. General, daß wir bisher unterm Druck gestanden, Erpressungen ausgesetzt, oder sonst übel dran gewesen seien: so müssen Sie offenbar von Feinden unsers Wolstandes durch solche Vorstellungen hintergangen worden seyn.

Unsre Vorgesetzte sind unsre Mitbürger; der Magistrat wird selbst aus unsrer Mitte, mit Handwerkern besetzt, die sogar 1/3 des ganzen Rats ausmachen. Bei Verwaltung der öffentlichen Cassen stehen Bürger zur Seite, und es wird über deren Zustand auch von Zeit zu Zeit der gesammten Bürgerschaft Rechenschaft gegeben.

Die MagistratsPersonen tragen die gemeinen Lasten so gut, wie wir: sie haben keine andre Vorzüge als dasjenige Ansehen, welches zur Fürung ihres obrigkeitlichen Amtes erfoderlich ist.

---

[154] Fundstelle: (Schlözer, Stats-Anzeigen, 1792, S. 96 ff)
[155] Etwa 3 Buchstaben nicht lesbar.

Die Reichern unter uns haben nie eine besondre Classe ausgemacht. Ihr Wolstand verbreitet sich aus alle NarungsZweige, und
der blühende Handel macht uns alle glücklich: wer nur arbeiten
kann und will, findet sein Auskommen in jeder GewerbArt. Von
jedem NarungsStand treten hier Wolhabende auf, um dieses zu be-
stärken. Arme gibts allenthalben. Die unsrigen finden, bei den vielen öffentlichen und PrivatStiftungen {deren Daseyn wir dem Vermögen und der Mildtätigkeit unsrer Vorfaren, und deren Erhaltung
wir dem allgemeinen Wolstande, zu verdanken haben}, so viele Un-
terstützung, daß sich unser kleiner <98> Stat darinn vor vielen weit
größern und blühendern auszeichnet. Was die Reichern aber außerdem noch dem Dürftigen im Stillen Gutes tun, wird uns täglich
laut gepriesen; wir schweigen aber davon, weil jene keinen Dank
verlangen.

Unsre Abgaben sind äußerst gering, und keiner unter uns
hat sich darüber zu beklagen. Kurz, wir sind alle glücklich, alle zufrieden. Aber unsre allgemeine Wolfart hängt mit unsrer glücklichen Verfassung, und dem Wolstand unsrer reichern Mitbürger,
allzu eng zusammen, als daß wir uns nicht für diese verwenden sollten. Denn wenn Sie, Hr. General, unsren reichern Mitbürgern so
viel Geld abnemen: so sind wir, der MittelStand, und ärmere Bürger, mitgestraft, weil unser Handel, unser Gewerbe, sinkt, und unser Verdienst abnimmt. Wir leiden also alle darunter.

Indem Sie, Hr. General, sich als einen Verteidiger der Freiheit, als einen Beschützer der öffentlichen Wolfart, darstellen: so
würden Sie Ihren eignen Grundsätzen zuwider handeln, wenn Sie
uns nicht bei der unsrigen ließen, und wenn Sie nicht von aller
Contribution abstünden, die wir so wenig, als unsre reichere Mitbürger, verschuldet haben, und welche unsern bis daher glücklichen
Stat zu Grunde richten muß.

Uebrigens wüßten wir nicht, womit wir unsern Eifer für
die Fränkische Republik lebhafter an den Tag legen könnten, als
durch den aufrichtigsten Wunsch, daß die Fränkische Nation mit
ihrer neuen Verfassung so glücklich seyn möge, als wir bisher mit
der unsrigen waren.

Also erwarten wir von Ihnen, Hr. General, daß Sie uns bei dem für uns unschätzbarsten Gut, unsrer bisherigen Verfassung, und unsrem davon abhängenden Wolstand, unverrückt lassen, und Sie dadurch Ihren Rum, unsern lauten Dank, und allgemeines Lob, als den <99> herrlichsten Schmuck in der unverwelklichen Bürger-Krone sich erhalten mögen.

Die Bürger von Frankfurt.

Frankfurt, 5. Nov. 1791.

1793 Aug 15 »Französisches Papiergeld o-
der Assignats«[156]

51 Französisches Papiergeld oder Assignats

La quatrième partie de la dette publique a été créée par la revolution ; elle fait le service de monnaie, l'objet de toutes les speculations; elle est la cause de tous les agiotages & accaparemens; enfin, après avoir rendu des services à la révolution, elle pourrait servir les projets des contre-révolutionnaires; elle provient des diverses créations d'assignats.

Le Corps constituant, le Corps législatif, & la Convention ont décrété successivement le création de 5,100,000,040 Livres assignats;[157]

il en restait le 1 Août dernier, en caisse ou en fabrication 484,153,9871 L[ivres]. Le montant de ceux qui avaient été mis en circulation a cette époque était de 4,615,846,053 L., sur lesquels il en était rentré ou brûlé 840,000,000, provenant des paiemens faits sur la vente des domaines nationaux. <448>

Les assignats qui étaient en circulation le 1 Août dernier, montaient donc à 3,775,846,053 L.

Il importe essentiellement à la cause dé la liberté dé diminuer la masse des Assignats en circulation, puisque leur trop grande quantité ne sert qu'à augmenter la valeur de toutes les matières & denrées; c'est dans cette vue que vous avez rendu le décret qui démonétise les Assignats à face royale audessus de 100 L.

Ce decret a retiré de la circulation, comme monnaie, une somme de 558,624,000 L., puisque sur la création des Assignats

---

[156] aus: Rapport sur la date publique … fait à la séance de la Convention du 15 Août 1793, au nom de la Commission des finances, par Cambon; im ›Moniteur‹, Supplement, No. 273, 30. Sept. 1793 ; nach : (Schlözer, Stats-Anzeigen XVIII, 1792, S. 447 f).

[157] »Necker berechnete das vor der Revolution in Frankreich bar umlaufende Geld nur auf 2,000 Mill. Livres: StatsAnz., H. 40, S. 464. – S. «

démonétisés, qui montait à 1,440,000,000, il en avoit été brûle 881,376,000 L., qui provenaient des échanges ou des payemens.

Literaturverzeichnis

Frensdorff, F. (1890). Schlözer, August Ludwig. *ADB*. Von https://de.wikisource.org/w/index.php?title=ADB:Schlözer,_August_Ludwig_von&oldid=2506294" abgerufen

M***. (1789). *Essai sur l'Histoire des Comices de Rome, des États-généraux de la France* ... Philadelphia/Paris.

Mounier. (1789). *Exposé de la conduite dans l'Assemblée nationale.* Paris: Desenne.

Necker. (1784). *De l'Administration des Finances de la France* (Bd. 2). Paris.

Schlözer, A. L. (Hrsg.). (1789). *Stats-Anzeigen XIII.* Göttingen: Vandenhoek & Ruprecht.

Schlözer, A. L. (Hrsg.). (1790). *Stats-Anzeigen XIV.* Göttingen: Vandenhoek & Ruprecht.

Schlözer, A. L. (Hrsg.). (1790). *Stats-Anzeigen XV.* Göttingen: Vandenhoek & Ruprecht.

Schlözer, A. L. (Hrsg.). (1791). *Stats-Anzeigen XVI.* Göttingen: Vandenhoek & Ruprecht.

Schlözer, A. L. (Hrsg.). (1792). *Stats-Anzeigen XVII.* Göttingen: Vandenhoek & Ruprecht.

Schlözer, A. L. (Hrsg.). (1792). *Stats-Anzeigen XVIII.* Göttingen: Vandenhoek & Ruprecht.

Digitalisate

Band	Heft	Jahr	URL
Stats-Anzeigen13	49-52	1789	http://ds.ub.uni-bielefeld.de/viewer/image/1944381_013/4/LOG_0006/
Stats-Anzeigen14	53-56	1790	http://ds.ub.uni-bielefeld.de/viewer/image/1944381_014/4/LOG_0006/
Stats-Anzeigen15	57-60	1790	http://ds.ub.uni-bielefeld.de/viewer/image/1944381_015/4/LOG_0006/
Stats-Anzeigen16	61-64	1791	http://ds.ub.uni-bielefeld.de/viewer/image/1944381_016/4/LOG_0006/
Stats-Anzeigen17	65-68	1792	http://ds.ub.uni-bielefeld.de/viewer/image/1944381_017/4/LOG_0006/
Stats-Anzeigen18	69-72	1793	http://ds.ub.uni-bielefeld.de/viewer/image/1944381_018/4/LOG_0006/

Abbildungen

Index

ohne Frankreich oder Paris